... brennen auf den Nägeln und der Seele

... Ardiendo en el corazón y el alma...

AF200865

... brennen auf den Nägeln und der Seele

... Ardiendo en el corazón y el alma

Poemas   Gedichte

Antología: XXII. Cita de la Poesia
Berlín, 23. – 27. de Mayo 2018

Anthologie für die XXII. Cita de la poesia
in Berlin vom 23. bis 27. Mai 2018

Köpenicker Lyrikseminar/
Lesebühne der Kulturen

Friedrichshainer Autorenkreis

Melo Poe Fant

Vers-Werkstatt
Poeten vom Müggelsee

Hrsg. / Publicación de	José P. Quevedo
	Jürgen Polinske
Cover und	
Satz und Layout	Jürgen Polinske
Auswahl / Redaktion	M. und J. Polinske
	B. und J P. Quevedo

Die Deutsche Bibliothek verzeichnet diese Publikation in der Deutschen Nationalbibliothek http//dnb.ddb.de

©

**Herstellung und Verlag
BoD – Books on Demand
Norderstedt, 2018**

ISBN   9783746056319

Ein besonderer und ausdrücklicher Dank gilt allen Übersetzern, die zum Gelingen dieser Anthologie beigetragen haben:

Nuestro agradecimiento a los traductores de la presente Antología:

Barbara Krüger de Quevedo
Cornelia Seebak
Ingeborg Robles
Margit Streblow
Petra Namyslo

Francisco Cienfuegos
José Pablo Quevedo

Karin Enzana
The Dung (gemeinsam mit Ch. und U. Grasnik)
Le Trang Phuong

INHALT ÍNDICE

Madrid, du wunderbare...
IMADRID, TÚ, MARAVILLOSA!

von den Kanaren in die neue Welt ...
DE LAS CANARIAS HACIA UN MUNDO NUEVO

aus Berlin und jott weh de ...
DESDE BERLÍN Y DEL EXTERIOR

... aus   „Madrid, du wunderbare,
Mamita mia! ...“[1]

... desde   !Madrid, tú, maravillosa!
!Mamita mía!

[1] deutscher Text „Die Herren Genarale“ von Ernst Busch 1936 zu einer traditionellen
Melodie um 1800 , ursprünglich Begleitmelodie zu den Versen
„de los cuatros muleros“ von Federico Garcia Lorca

Sagrario Núñez Molina

AUSENCIA

Ausencia siente de ti mi alma dolorida.
Ausencia del sonido de la llave en mi cancela...
Ausencia de tu voz en mi soledad ya arcana.
Ausencia de la dulce miel de tu mirada.
Ausencia sin ti de la luz que alumbra al alba
el jazmín florido en mi ventana.
Ausencia, tu ausencia...
a la que no me acostumbro,
y que hiere mi alma.

Abwesenheit

Abwesenheit von dir fühlt meine verletzte Seele.
Abwesenheit des Geräusches des Schlüssels in meiner Pforte...
Abwesenheit von deiner Stimme in meiner jetzt schon geheimen
Einsamkeit.
Abwesenheit des süßen Honigs deines Blickes.
Abwesenheit des Lichts, das die Morgendämmerung erleuchtet,
ohne dich der aufgeblühte Jasmin an meinem Fenster.
Abwesenheit, deine Abwesenheit...
an die ich mich nicht gewöhne
und die meine Seele verwundet.

LA ROMERÍA

¡Bebe, ríe, canta, gandulea , que son fiestas!
¡Bebe, goza, canta, ríe, jaranea, echa la siesta!
Bebe, que el Santico duerme, en la floresta.
¡Bebe! ¡Roque! ¡Roque! cantan la rana
cuando despierta el sol por la mañana.
Es el Santico un príncipe de las Francias.
Es el Santico, el más ilustre peregrinico.
El Santico, peregrina con su perrico.
El Santico muestra la llaga del tobillico
el amor a su pueblo lleva en el hatico.
Juegan bajo los olivos Juan, y Manuela,
a juegos de amor juegan, romero y romera
venciendo tomillos, grama y ajedrea
en el aire, los olores nuevos de la primavera.

Die Wallfahrt

Trinke, lache, bummel herum, denn es ist Festtag!
Trinke, genieße, singe, lache, scherze, schlaf die Siesta!
Trinke, denn der Heilige schläft im Forst.
Trinke! Roque! Roque! so besingen sie den Frosch
wenn die Sonne morgens erwacht.
Es ist der Heilige ein Prinz aus Frankreich.
Es ist der Heilige der berühmteste Pilgerer.
Der Heilige pilgert mit seinem Hund.
Der Heilige zeigt seine Wunde am Knöchel
die Liebe zu seinem Volk trägt er im Bündel.
Unter den Olivenbäumen spielen Juan und Manuela
sie spielen Liebesspiele, Pilgerer und Pilgerin
und überwinden Thymian, Gras und Bohnenkraut
in der Luft die neuen Düfte des Frühlings

Sagrario Núñez Molina   **Traducción/Übersetzung: Francisco Cienfuegos**

Salomé Ortega

No desear nada,
sólo la transparente mirada,
dela escarcha fría,
en elhorizonte azul.

no desear nada,
sólo el recuerdo
sobre las ruinas,
de lo perdido.

no desear nada,
sólo el batir de las olas,
como alas de mariposa,
en la dorada orilla de la memoria.

No desear nada, no,
sólo el silencio
de la luz,
en el último suspiro.

Nichts wünschen
nur der durchsichtige Blick
aus kaltem Raureif
im blauen Horizont.

Nichts wünschen
nur die Erinnerung
über den Ruinen
von dem, was verloren ging.

Nichts wünschen
nur das Schlagen der Wellen
wie Schmetterlingsflügel
am goldenen Ufer der Erinnerung.

Nichts wünschen, nein,
nur die Stille
des Lichts
im letzten Seufzer.

Dormir
en el lecho del silencio,
arropada por la luz.

Schlafen
im Schoß der Stille
eingebettet im Licht.

Salomé Ortega   Traducción/ Übersetzung: Francisco Cienfuegos

ANTONIO MACHADO SANZ

EN EL FRIO ENERO, UN HOMBRE.

En el frío enero, junto al rio, un hombre.
Sus ropas delatan la pobreza.
Una gorra con visera no permite ver su cabello.
El pardo gabán deja al aire sus callosas manos
de color siena oscuro.
Un cigarrillo, sin encender, baila en su boca.
En una churrería próxima,
todos los días,
le regalan la fritura sobrante.
Hoy le dan una bolsa con porras frías.
Se come un churro con ansia.
Junto a él, puede observar unos gorriones
que, como él, al sol, buscan su alimento.
Sin dudarlo saca un buñuelo del cucurucho,
lo parte delicadamente y deja caer las migas.
Es un claro ejemplo de solidaridad entre clases.

In der Kälte des Januars; ein Mann

In der Januarkälte, am Fluss, ein Mann.
Seine Kleidung offenbart die Armut.
Eine Mütze mit Sonnenkappe verdeckt sein Haar.
Der braune Mantel lässt seine Hornhaut-Hände
aus dunklem Siena hervortreten.
Eine noch nicht angezündete Zigarette tanzt in seinem Mund.
In der nächsten Churrería
schenkt man ihm jeden Tag
das übrig gebliebene Bratöl.
Heute gibt man ihm eine Tüte mit Ölgebäck.
Er isst gierig ein Churro auf.
Er beobachtet wie neben ihm Spatzen, wie er,
an der Sonne ihre Nahrung suchen.
Ohne zu zögern, holt er ein Windbeutel aus der Papiertüte,
zerteilt ihn und lässt die Brösel fallen.
Das ist ein deutlicher Beweis für die Solidarität zwischen sozialen
Schichten.

PEQUEÑAS CUENTAS

(A Carlos Marzal)

Recuerdas , mi amor, las palabras
que a solas te decía
bajo la tenue
luz
de aquella farola,
en nuestra paseo encantado.
Tú me pedias que te contara
mis jóvenes sentimientos.
Y yo hablaba, hablaba y hablaba,
y te llamaba
con nombres mil veces pronunciados.
Y tú me pedías más,
más,
más,
muchos más.
Y te decía:
ilusión, golondrina, mañana,
camino,
ventura,
tranquilidad,
desconocido mar en el que me ahogaría.
Y te llamaba... ¡Mi estrella!
Y me he dado cuenta,
sin cálculo alguno,
que aquella luz tuya que iluminaba la calle,
ya no existía,
venía de una lejana constelación
muerta hacía muchos años.
Como nuestro amor.

Kleine Aufrechnungen

(Für Carlos Marzal)

Erinnerst du dich, mein Liebling, an die Worte
die ich dir, ganz allein nur dir, sagte
unter dem sanften
Licht
dieser Laterne,
während unseres verzauberten Spaziergangs.
Du batest mich darum, dass ich dir erzähle
von meinen jungen Gefühlen.
Und ich redete, redete und redete
und rief dich
mit Namen, die ich tausendmal aussprach.
Und du wolltest mehr,
mehr,
mehr
und noch so viel mehr.
Und ich sagte zu dir:
Illusion, Schwalbe, morgen,
Pfad,
Glück,
Ruhe,
unbekanntes Meer, in dem ich ertrinken sollte.
Und ich nannte dich... meinen Stern!
Und ich habe festgestellt,
ohne jegliche Berechnung,
dass jenes Licht von dir, das die Strasse beleuchtete,
nicht mehr vorhanden war,
es kam aus einem fernen Himmelsgestirn,
das schon vor vielen Jahren gestorben war,
wie unsere Liebe.

Antonio Machado Sanz   Traducción/ Übersetzung: Francisco Cienfuegos

María Jesús Velasco de Blas

El y Ella

Le dijo que no quería, que su mano no era de su agrado, le
sudaba y esa humedad
corporal le daba grima; caminaría a su lado hasta llegar a
destino y allí se separarían
para siempre.

El sintió derrumbarse el mundo a sus pies. La preciosa piel
de ella le subyugaba, le
enajenaba hasta ponerle nervioso y hacerle sudar de los pies
a la cabeza, no sabía
enrealidad si lo que sentía por ella era amor o sólo deseo.

La tarde declinaba creando sombras fantasmagóricas al
juntarse las luces de las
farolas con las del atardecer en las fachadas de los edificios.

El leve resplandor del sol en su inminente ocaso hacía brillar
los charcos de agua
del pavimento, empedrado en unos tramos y alquitranado en
otros.
La primavera había entrado lluviosa y cálida, permitiendo olvidar
los cortos y fríos
días de invierno.
Él pensó que, a esas horas, un paseo por la ciudad sería perfecto
para llevar a cabo
sus intenciones, había puesto en ello toda su ilusión.

Deseaba, más que nada en este mundo, poseer aquel cuerpo, tomarlo para sí,
gozarlo intensamente, pero las palabras de ella le habían dejado de piedra, sin fuerzas para
llevara cabo sus planes.

Continuaron el paseo en silencio, uno al lado del otro, impregnándose del aroma
que desprendían sus cuerpos, escuchando las respiraciones, el latir acompasado de sus
corazones.

Si alguien los hubiera visto podría haber pensado que eran un matrimonio a punto
de divorciarse.

Dejaron atrás el ruido de la ciudad y siguieron caminando a la orilla del rio, en él se
reflejaban las figuras de los árboles, atravesaron un puente.

Los sentimientos de Él cambiaron durante el trayecto paulatinamente, dejaron de ser
amorosos, sensuales, para pasar a ser fríos, calculadores y por fin rencorosos, con ánimo de venganza.

Al llegar a mitad del puente se volvió hacia ella, la tomó en un abrazo brutal, la izó
con todas sus fuerzas, la mujer forcejeó brevemente, y la lanzó al rio. Ella braceó y gritó
pidiendo socorro, no sabía nadar. Se hundió una, dos, tres veces, hasta que no
volvió a salir a flote.

El pensó que había terminado con ella y, con paso lento y decidido, tomó el camino
a la ciudad.

Er und sie

Sie sagte ihm, dass sie nicht wollte, dass seine Hand ihr unangenehm war, diese Hand, die schwitzte und dass diese Feuchtigkeit in ihr Schauder bewirkte; sie würde noch neben ihm laufen bis zum Zielort und dort würden sie sich für immer trennen.

Er fühlte, wie eine Welt unter seinen Füssen zusammenbrach. Ihre wunderschöne Haut betörte ihn, erregte ihn bis dahin, dass er anfing zu zittern und zu schwitzen von den Füßen bis zum Kopf, er wusste nicht wirklich, ob er sie liebte oder nur begehrte.

Der Abend neigte sich der Nacht entgegen und erschuf gespensterartige Schatten als sich das Licht der Laternen mit dem Abendlicht an den Häuserfassaden verband.

Das schwache Sonnenlicht vor seinem unmittelbar bevorstehenden Untergang ließ das Wasser der Pfützen auf dem Straßenboden glitzern, der teilweise gepflastert und teilweise geteert war.

Der Frühling hatte regnerisch und warm begonnen und dies erlaubte es, die kurzen und kalten Wintertage zu vergessen.

Er dachte, dass zu dieser Stunde ein Spaziergang durch die Stadt perfekt wäre, um seine Absichten umzusetzen, er hatte all seine Hoffnungen darauf gesetzt.Er wünschte mehr als alles andere auf dieser Welt, diesen Körper zu besitzen, ihn an sich nehmen, ihn genießen, intensiv, aber ihre Worte hatten ihn versteinert, hatten ihm jegliche Kraft geraubt, um seine Pläne umzusetzen.

Sie setzten den Spaziergang in aller Stille fort, nebeneinander, sie tränkten sich im Duft, der ihre Körper ausstrahlten, sie hörten den Atem des jeweils anderen, das langsame Schlagen ihrer Herzen. Wenn jemand sie gesehen hätte, hätte er glauben können, es handele sich um ein Ehepaar kurz vor der Scheidung.

Sie ließen die Geräusche der Stadt hinter sich und liefen weiter am Flussufer entlang, im Fluss spiegelten sich die Bäume, sie überquerten eine Brücke. Seine Gefühle änderten sich allmählich im Laufe des Spaziergangs, sie hörten auf liebevoll, sinnlich zu sein, um sich in kalte, berechnende und schließlich rachsüchtige Gefühle umzuwandeln.

Als sie beide zur Mitte der Brücke angelangt waren, drehte er sich zu ihr um, packte sie brutal, warf sie mit all seiner Kraft. Sie wehrte sich kurz, und er warf sie in den Fluss. Sie versuchte sich über Wasser zu halten,
wedelte mit ihren Armen, schrie um Hilfe, sie konnte nicht schwimmen. Sie versank einmal, zweimal, dreimal, bis sie nicht mehr auftauchte.
Er dachte, dass er mit ihr Schluss gemacht hatte. Langsamen und entschiedenen Schrittes ging er in Richtung Stadt zurück.

María Jesús Velasco de Blas Traducción/Übersetzung: Francisco Cienfuegos

María Pilar Cavero

EN EL TREN

¡Qué tristes
los atardeceres en el tren,
cuando la persistente lluvia
invade los lustrosos raíles
y los va encenagando!
¡Qué dolor
Sentir cómo acentúa
nuestras presentes pérdidas
mientras zapatea insistente
sobre las rudas traviesas!
¡Qué pesar
que no nos acompañe,
como antaño lo hizo,
con sus rimas sonoras
y sus ritmos pausados!
A su son,
el tiempo, que nos condujo
al compás lento de los viejos trenes,
ahora nos persigue
a la velocidad del AVE.

Im Zug

Wie traurig
die Abende im Zug
wenn der beständige Regen
die glänzenden Gleise
überwältigt
und sie beschmiert!
Was für ein Schmerz
zu fühlen,
wie er unseren gegenwärtigen Verlust betont
während er beharrlich
auf die rohen Schwellen trommelt!
Welch Bedauern,
dass er uns nicht
wie damals begleitet
mit seinen klingenden Reimen
und seinem ruhigen Takt!
Die Zeit, die uns in seiner Melodie
im langsamen Gleichschritt
mit den alten Zügen geleitete,
verfolgt uns jetzt
mit der Geschwindigkeitdes AVE*

*(Hochgeschwindigkeitszug)

María Pilar Cavero   Traducción/Übersetzung: Francisco Cienfuegos

No importa que los sueños
sean mentira,
ya que, al cabo es verdad
que es venturoso el que
soñando muere,
infeliz el que vive sin
soñar.
(Rosalía de Castro)

Es macht nichts, dass die Träume
eine Lüge sind,
da es schließlich wahr ist,
dass derjenige glücklich ist,
der träumend stirbt
und unglücklich derjenige,
der lebt ohne zu träumen.
(Rosalía de Castro)

REVIVIR

La luz se va alejando
y penetra el ocaso
adormecido y lento.
El calor de un verano,
opresor en su término,
ata mi cuerpo
y anuda mi mente,
que inconsciente navega
entre las densas olas
y los cristales rotos
de esta anochecida,
mientras deseosa espera
que las olas se expandan
y la lleven a sueños
que la hagan revivir.

Wieder aufleben

Das Licht entfernt sich
und der Untergang dringt ein
schläfrig und langsam.
Die Hitze eines Sommers
unterdrückend in ihrer Endgültigkeit
fesselt meinen Körper
verknotet meinen Geist,
der zwischen den dichten Wellen
und zerbrochenem Glas
dieser aufkommenden Nacht unbewusst segelt
und währenddessen voller Sehnsucht
darauf wartet,
dass sich die Wellen ausweiten
und ihn dorthin führen
wo die Träume
ihn wieder zum Leben auferwecken.

María Pilar Cavero   Traducción/Übersetzung: Francisco Cienfuegos

María Pilar Cavero

(Traducción de / Übersetzungen aus dem Buch: „Miradas"
B. Krüger-Quevedo und J. Polinske)

Miradas

Miramos con la memoria,
la conciencia y los ojos.

Vemos todo lo que nos trae
la historia de la tierra
y de los hombres,
y su conocimiento acumulado.

Miramos con los ojos
de miríadas de estrellas.

Blicke

Wir blicken mit dem Gedächtnis,
dem Bewusstsein und den Augen.

Wir sehen alles, was uns
die Geschichte der Erde
und der Menschen bringt,
und ihr angehäuftes Wissen.

Wir erblicken mit den Augen
Myriaden von Sternen.

Stille
SILENCIO

Junto a la secuoya
la palabra: SILENCIO.

La andarina común
gorjea indiferente.
No sabe leer.

Texto in trabajo / Rohübersetzung

Stille

An der Sequoya[2]
das Wort: STILLE.

Der Sperling
zwitschert unbeeindruckt.
Er kann nicht lesen.

---

[2] auch Mammutbaum

Endulzar

No se viste la luz.
Se atenúa su brillo,
para salvar los ojos
y endulzar la mirada.

Süßen

Das Licht kleidet sich nicht,
Sein Glanz wird schwächer,
um Augen zu schonen
und den Blick zu versüßen.

El caminante

Llegó con un pantalón corto,
la camiseta usada,
el pelo alborotado
y una vieja mochila.

Se sentó en la terraza
de un pequeño café,
y sacó una pluma gastada
y un cuaderno de notas.

Acompasado por la brisa
escribió en su libreta:

No hay dolor
en la amable mañana.
El sol es hoy benigno,
sano mi corazón,
fuertes mis piernas,
mis manos firmes,
mis ojos limpios,
y me brotan los versos.

Después le vi alejarse.
Tendría unos cincuenta,
usaba verdes ojos
y nobleza en el rostro.

Der Wanderer

Er kam in einer kurzen Hose,
abgetragenen Hemd,
mit zerwühltem Haar
und einem alten Rucksack.

Er setzte sich auf die Terrasse
eines kleinen Cafés,
und nahm einen abgenutzten Füller hervor
und ein Notizheft.

Ungestört von der Brise
schrieb er in sein Heft:

Es gibt keinen Schmerz
an dem freundlichen Morgen.
Die Sonne ist heute gütig,
gesund mein Herz,
kräftig meine Beine
meine Hände fest,
meine Augen rein,
und aus mir sprudeln die Verse.

Dann sah ich ihn gehen.
Er war wohl um die fünfzig,
besaß grüne Augen
und ein redliches Gesicht.

En mi mano

El calor de tu vida
en mi mano
tu latir, tu confianza,
tu mirada de niño,
mi pequeño gorrión.

ĨAy, qué triste
que el tiempo se vaya!

In meiner Hand

Die Wärme deines Lebens
in meiner Hand,
dein pochendes Herz,
dein Vertrauen,
dein Kinderblick,
mein kleiner Spatz.

Ach, wie traurig,
dass die Zeit so vergeht.

Peluches

Tenía unos peluches de animales
con los que hablaba a veces.
Nadie le conocía tal secreto,
sólo los nietecillos
que con ella jugaban.

El tiempo daba a la abuela
una nueva niñez,
que los chiquillos compartían.

Spielzeug

Sie hatte ein paar Plüschtiere,
mit denen sie mitunter sprach.
Niemand wusste um dieses Geheimnis,
nur die kleinen Enkel,
die mit ihr spielten.

Die Zeit gab der Großmutter
eine neue Kindheit,
die die Kleinen mit ihr teilten.

VIEJOS LIBROS

Me gusta comprar viejos libros,
dedicados a otros.

Me traen instantáneas
de sus vividas vidas;
que me son regaladas
por la pérdida o el abandono
de sus antiguos dueños.

Texto in trabajo / Rohübersetzung

Alte Bücher

Ich kaufe gern alte Bücher,
in denen Widmungen für andere sind.

Sie bringen mir Momente
ihrer gelebten Leben;
sie sind ein Geschenk für mich,
verloren oder verlassen
von ihren alten Besitzern.

Aromas

Principios de noviembre:
redobles de campanas
y tañidos de aromas.

Unos traen perfumes
de la muerte;
los otros, fragancias
de la vida.

Aromen

Anfang November:
Glockenspiele
und Klänge der Aromen.

Die einen bringen Parfüme
des Todes,
andere, Düfte
des Lebens.

Ébano

El ébano cálido de tus ojos
iba perdiendo su dureza,
mientras la luz de tu mirada
se fundía en la claridad
de una nueva mañana.

Ebenholz

Das warme Ebenholz deiner Augen
verlor allmählich seine Härte,
während das Licht deines Blickes
in der Helle eines neuen Morgens
schmolz.

Espejos

Juego de espejos
de las antiguas ferias.
Juego de espejos
que deforman y engañan.

Juego de espejos,
fantasmales, sangrientos,
de esta feria vesánica
que nos toca vivir.

Spiegel

Spiel der Spiegel
auf den alten Jahrmärkten.
Spiegelspiele
die verformen und trügen.

Spiel der Spiegel,
geisterhaft, blutrünstig,
auf diesem verrückten Jahrmarkt
den wir erleben.

Andoni K. Ros Soler

Castros de Iberia

I.

Aún las desapariciones
llevan la morada costra de las heridas.
Habíamos crecido en los descampados en penumbra,
donde la tierra había sido con rabia removida
por la sed del oxígeno hacia el viento.
Pocos lo supimos; la mayoría resistía
en una especie de cloaca de metálicos silencios,
sin apenas respiración, como aquella tumba.
Tal vez nada de esto
tenga que ver con la paz que no encuentro,
ni con la bondad de la física cuántica
cuyas leyes investigo con celo y sin esfuerzo.
Pero ya soy mayor para seguir el paso a la tirria
y noto que remo todavía por aquel mar de dudas,
hacia las respuestas últimas:
proclamo mi intolerancia
y des-celebro los naufragios a la orilla
como si fueran huérfanos despojados por la insidia..

Iberische Befestigungen

I.

Immer noch trägt die dunkelviolette Kruste
der Wunden das Verschwundene.
Wir wuchsen im Dämmerlicht auf offenem Feld auf,
wo die Erde mit Wut durch den Durst nach Sauerstoff zum Wind
hin
umgegraben worden war.
Wenige waren wir, die das wussten; die Mehrheit widerstand
in einer Art von Kloake metallischer Stille,
ohne kaum zu atmen, wie jenes Grab.
Nichts von alledem
hat vielleicht weder etwas zu tun mit dem Frieden, den ich nicht
finde
noch mit der Güte der Quantenphysik,
deren Gesetze ich mit Eifer und ohne Anstrengung erforsche.
Aber ich bin schon zu alt, um Groll zuzulassen
und merke, dass ich immer noch durch jenes Meer des Zweifelns
rudere,
in Richtung der letzten Antworten:
ich verlautbare meine Intoleranz
und ent-feiere die Schiffbrüche am Ufer als
wären sie vom Verrat entlassene Waisen...

II.

Ya no podemos resurgir débilmente,
no son nuestras la distancia y la rueda;
y ahora nos damos cuenta que, los traidores,
siempre han estado entre nosotros...
Otra vez caemos de un cerezo:
que los inefables han comido de nuestras manos,
que la Historia certera jamás será escrita;
y que sus vidas, solo serán salitre de nuestras lágrimas.
Pero nuestros nietos descubrirán el color de la impostura;
distinguirán la ebriedad y la falsa crónica
de ese mundo reducido e hipócrita -no tan lejano-,
diciendo verdad a los hijos de sus hijos;
y que, al mostrar sabiduría al Ágora armónica,
solemnes, proclamarán bonanza.
No habrá 'asuntos pendientes' más allá del juez
Garzón;la guerra, aún con honor, es cobardía –o desmemoria
histórica-.

II.

Jetzt können wir nicht mehr in Schwäche wieder in Erscheinung
treten,
uns gehört nicht die Entfernung und das Rad;
und jetzt stellen wir fest, dass die Verräter
schon immer unter uns gewesen sind...
Erneut fallen wir von einem Kirschbaum:
Dass die Unsagbaren aus unserer Hand gegessen haben,
dass die wahre Geschichte niemals niedergeschrieben werden wird;
und dass ihre Leben lediglich Salpeter unserer Tränen sein werden.
Aber unsere Enkel werden die Farbe des Aufstands entdecken;
Sie werden unterscheiden zwischen dem Rauschgefühl und der
verfälschten Chronik
dieser reduzierten und verlogenen Welt – die nicht allzu fern ist -,
indem sie die Wahrheit gegenüber ihren Kindern und ihren
Kindeskindern aussprechen;
und indem sie im Forum der Harmonie Weisheit bezeugen,
in hoher Feierlichkeit, werden sie Wohlstand verkünden.
Es wird dann keine schwebenden Gerichtsverfahren mehr geben,
jenseits des Richters
Garzón; Der Krieg, obwohl ehrenhaft, ist Feigheit – oder das
Vergessen von Geschichte.

III.

Tal vez habremos de ser despedazados
por sus escuadrones de venganza; pero,
¿quiénes tienen que pagar por la infancia maltratada
y la oscuridad grisácea entre aquellos trenes?...
Si la paz es esta sed de siglos que atenaza,
volveré a dormir bajo el designio de las detonaciones;
pero, calculo más siglos atrás y me pregunto
por las guerras primeras...
Por el primer deseo de la herida;
Castros de Iberia, caídos al fondo de mis sienes.

III.

Mag sein, dass wir zerstückelt werden müssen
durch ihre Racheschwadronen; aber,
wer muss für den Kindesmissbrauch
und die grauartige Dunkelheit zwischen jenen Zügen bezahlen...?
Wenn der Frieden dieser Durst von Jahrhunderten ist, der uns
packt,
werde ich wieder schlafen unter der Zielvorgabe der Detonationen;
aber wenn ich noch weitere Jahrhunderte zurückblicke, frage ich
mich selbst
nach den ersten Kriegen...
Für die erste Sehnsucht der Wunde;
Iberische Befestigungen, in den Abgrund meiner Schläfen gefallen.

Andoni K. Ros   Traducción/Übersetzung: Francisco Cienfuegos

Álex Murillo

LA CRIATURA Y NIÑO

Aquel último enero
la Madre os despidió con un manto de sol.
Para mí, hubo luego
de amuleto
apenas dos muñecos con bigotes;
y claro, el desconsuelo;
el aturdirse fuera,
maldad civilizada;
el cheque sin fondos
de este y aquel perfume nuevo
destilado en las sábanas
alguna que otra vez.
La certeza
de continua despedida.

Kreatur und Kind

Jenen letzten Januar
verabschiedete sich die Mutter von Euch
mit einer Sonnendecke.
Für mich gab es später
als Amulett
gerade mal eben so zwei Puppen mit Schnurrbart;
und natürlich die Trostlosigkeit;
sich Außen betäuben,
zivilisierte Bosheit;
der ungedeckte Scheck
von diesem und jenem neuen Parfüm
in Betttüchern
das eine oder andere Mal destilliert.
Die Gewissheit
stetigen Abschieds.

EL PAÑO

$lp \approx 1.616199(97) \times 10-35$ metros
Conciba un punto
de la mitad
de una centésima
de un milímetro.
Magnifique en su mente este punto
hasta que llegue a abarcar
el universo observable.
En esta nueva escala
la longitud de Planck
alcanzaría la mitad
de una centésima
de un milímetro.
Con tales puntadas
se tejió la tela
de nuestra realidad.

Das Tuch

lp≈ 1.616199(97) x 10–35 Meter
Stellen Sie sich
einen Punkt vor von der Hälfte
eines hundertstel Millimeters.
Vergrößern Sie innerlich diesen Punkt
bis dahin, dass er das beobachtbare Universum
zu umfassen gelangt.
Innerhalb dieser neuen Skala
würde die Planck-Länge
die Hälfte eines hundertstel
Millimeters erreichen.
Mit solchen Nähstichen
Wurde der Stoff
unserer Realität gewebt.

Alex Murillo   Traduccion/ Übersetzung:Francisco Cienfuegos

... von den Kanaren in die neue Welt

de las Canarias hacia un Mundo Nuevo

Luis Ángel Marín Ibáñez

PADRENUESTRO

PADRENUESTRO
que creaste el monasterio del mar
dando a la Soledad un nuevo nombre.

Exaltada sea tu gracia
para que el Ser se llene de infinito
la materia se desdoble
y borde un mantel sobre la mesa.

Dadnos siempre
ese ensueño reposado
cubierto de silbos y esponsales
donde los silencios trenzan
el más regio de los manuscritos.

Perdona nuestras ofensas
por haber segado tus veletas
y llevado todos los caballos
al fondo del abismo.

Déjame arrodillarme
y pedir a tus hijos
y a los hijos de tus hijos
que la Razón haga de quicio
del Delirio ensangrentado.

Líbranos
de los guerreros invisibles
ocultos en el temblor de los espejos
y que tu voluntad derrote
a los encantadores de la Nada.

Y el hombre vuelva
a la desnudez del primer instante
a ese instante privilegiado
donde la Libertad era Luz
y la luz la liturgia de los astros.

AMEN

VATERUNSER

VATER UNSER,
der du das Meereskloster schufst
und der Einsamkeit einen neuen Namen gabst,

geheiligt sei deine Gnade,
damit sich das Sein mit Unendlichkeit fülle,
die Materie sich entfalte
und eine Decke für den Tisch sticke.

Gib uns immer
diesen ruhenden Traum
umgeben von Pfiffen[3] und Versprechen,
dort wo die Stille
das prächtigste Manuskript flicht.

Vergib uns unsere Sünden,
dass wir deine Wetterfahnen zerstörten
und alle Pferde in den tiefsten Abgrund
rissen.

Lass mich niederknien
und deine Kinder
und die Kinder deiner Kinder bitten,
dass die Vernunft
über das blutüberströmte Delirium siege.

Befreie uns
von den unsichtbaren Kriegern,
verborgen im Zittern des Spiegels,
und möge dein Wille
die vom Nichts Entzückten besiegen.

---

[3] Kommunikation auf La Gomera mittels einer Pfeifsprache

Und möge der Mensch zurückkehren
zur Nacktheit des ersten Moments,
zu diesem privilegierten Moment,
wo die Freiheit das Licht war
und das Licht die Liturgie der Sterne.

AMEN

CUANDO LA LUZ ARDE

A mi querido hermano José Ignacio

El resplandor oculto
en la sombra del sueño,
reescribiendo la visión petrea donde
la imposibilidad no se cansa de girar
y sigue buscando
la imagen de la materia derruida.

Al dejar de razonar
el hombre se acerca al mito
a esa luz que afirma
un absoluto conmovedor.

Enajenados los símbolos
el Ser es una fontana desnuda
y el primer misticismo de los espejos.

Bebedor de la umbría
encuentra en su signo los altares,
--algo así como el nacimiento
de sí mismo --, cuando la sangre
era una flor y la luna la ninfa deseada.

WENN DAS LICHT BRENNT
Für meinen lieben Bruder José Ignacio

Das versteckte Glühen
im Schatten des Traumes,
neu schreibend die steinerne Vision, wo
die Unmöglichkeit nicht aufhört sich zu drehen
und immer weiter sucht
nach dem Bild der zerstörten Materie.

Wenn der Mensch aufhört zu denken,
nähert er sich dem Mythos,
jenem Licht, das behauptet
bedingungslos ergreifend zu sein.

Der Symbole entfremdet
ist der Mensch eine bloßgelegte Quelle
und der erste Mythos des Spiegels.

Aus dem Schatten trinkend,
findet er in seinen Zeichen die Altäre,
-etwas wie seine eigene Geburt-
als das Blut eine Blume war
und der Mond die begehrte Nymphe.

Traducción/ Übersetzung: Margit Streblow

LUCÍA ROSA GONZÁLEZ

MUDEZ

Los olivos no temen al sol;
mueven la luz que pesa poco
con palabras vegetales,
más bien crudas.
Los olivos añaden a la vida
olor, color...; nada más;
aspiran la caducidad de su fragancia
en nuestras manos que se alejan
y borran su voz de monte
con lo que queda de nosotros:
emoción, tanta emoción contenida
y un sinfín de enigmas.

Ajenos a preguntas absurdas,
como silencio extraño,
los olivos, desnudos, callan
en taciturno epitafio.

STUMMHEIT

Die Olivenbäume fürchten die Sonne nicht;
sie bewegen das Licht, das wenig wiegt,
mit pflanzlichen Worten,
ziemlich derben.
Die Olivenbäume geben dem Leben
Geruch, Farbe...; nichts weiter;
sie sehnen das Vergehen ihres Duftes herbei
in unseren Händen, die sich entfernen
und die Bergesstimme zum Erlöschen bringen
mit dem, was von uns bleibt:
Emotion, so viel zurückgehaltene Emotion
und eine Unzahl von Rätseln.

Weit entfernt von absurden Fragen,
wie eine seltsame Stille,
die Olivenbäume, nackt, schweigen
zum stummen Epitaph.

NANA

Te morderán las ratas.
La exigua superficie de tus manos
con apacible tacto araña el cielo.
¿Lo has de tocar? ¿Está dulce la bóveda?

Hijo mío, te morderán las ratas,
Te engullirán la noche y los vampiros.
No otra vez en mi vientre.

¿Van vestidos de negro?
¿Son soldados o dientes?

En el cielo no.
¿No ves que el alma de las ratas
se alimenta de almas?

La madre canta. El hijo araña el cielo.
Sostiene entre sus manos
una caja de estrellas.
De cada punta
lejos se ve la tierra.

Del libro La voz alrededor

NANA
(Wiegenlied)

Die Ratten werden dich beißen.
Die spärliche Oberfläche deiner Hände
mit sanfter Berührung kratzt sie am Himmel.
Musst du ihn berühren? Ist das Himmelsgewölbe süß?

Mein Sohn, die Ratten werden dich beißen,
Die Nacht und die Vampire werden dich verschlucken.
Nicht noch einmal in meinem Bauch.

¿Gehen sie schwarz angezogen?
¿Sind sie Soldaten oder Zähne?

Im Himmel nicht.
Siehst du denn nicht, dass sich die Seele der Ratten
von Seelen ernährt?

Die Mutter singt. Der Sohn kratzt am Himmel.
In seinen Händen hält er
eine Kiste mit Sternen.
Von jedem entfernten Ort
sieht man die Erde.

Aus dem Buch „La voz alrededor"

SONIDO DE ÁRBOL

Del libro *Páginas trasladadas*, Ed. Idea, 2011

Hueco cielo profundo,
¿te quedaste sin fondo relumbrante?
¿A quién cediste tu honda resonancia?
¿A este viejo castaño lapidado
por niños invisibles o verdugos?
¿A este viejo castaño
cuyas hojas descienden y se alzan
en posición de ola
sobre el barranco?

La noche alzó su lengua lamedora
hacia las crespas piedras.
Podría haberse oído el ruido del arroyo,
pero el arroyo solo discurría
como filo de viento en nuestra mente.

¿Acaso el pensamiento del castaño
trascendía la sed,
inventándose el agua inexistente
como arroyo de sueño
en nuestra mente seca?

Las piedras retumbaron
en el hondo barranco.
¿Lo que se oyó fue el cielo?
¿Su carcajada?
¿O fuiste tú, castaño?

DER KLANG DES BAUMES

Aus dem Buch „Páginas trasladadas", Editorial Idea, 2011

Tiefe Himmelsgrube,
hast du keinen glitzernden Hintergrund mehr?
Wem hast du deine tiefe Resonanz gegeben?
Diesem alten gesteinigten Kastanienbaum
wegen unsichtbarer Kinder oder Henker?
Diesem alten Kastanienbaum,
dessen Blätter sich wie Wellen nach oben und unten bewegen
über der Schlucht?

Die Nacht erhob ihre leckende Zunge
hin zu den krausen Steinen.
Man hätte den Lärm des Baches hören können,
aber der Bach floß ruhig vor sich hin
wie ein Windhauch in unserem Hirn.

Überwinden die Gedanken der Kastanie
etwa den Durst
und stellen sich das nicht existierende Wasser vor
wie ein geträumter Fluß
in unserem trockenen Hirn?

Die Steine grollten
in der tiefen Schlucht.
Was man hörte, war das der Himmel?
Sein lautes Lachen?
Oder warst du es, Kastanie?

Traducción/ Übersetzung: Margit Streblow

ELSA LÓPEZ

Me llevaron un día del mar y de la isla.
Me arrancaron la escuela,
el uniforme claro y la cinta de seda,
los calcetines cortos
y las desolladuras de juegos y escondites,
la lata del aceite para cazar lagartos,
los nísperos calientes,
y los amigos viejos
que me contaban cuentos al borde del camino.
Me tiraron al patio las pantuflas de esparto.
El caballo de caña se murió en una esquina
sin gritos ni emboscadas detrás de un rostro pálido.

Delante de mis ojos se borraba la casa,
la abuela
y el camino.

La Palma era redonda, salpicada de espuma.
Y yo tenía sueño y me quedé dormida.

(*El viento y las adelfas* 1973)

Eines Tages brachten sie mich weg vom Meer und von der Insel.
sie haben die Schule abgerissen,
zerissen meine Schuluniform und das Seidenband,
die kurzen Socken
verschwunden die Schrammen vom Spielen und Verstecken,
die Dose mit Öl zum Eidechsen-Fangen,
die warmen Mispeln,
und die alten Freunde,
die mir Geschichten erzählten am Wegesrand.
Meine Pantoffeln aus Espartogras warfen sie in den Hof.
Mein Schaukelpferd verendete in einer Ecke
ohne zu schreien und ohne Hinterhalt mit einem blassen Gesicht.

Vor meinen Augen verschwanden das Haus,
die Großmutter
und der Weg.

Die Palme war rund, vom Schaum bedeckt.
Und ich war müde und schlief ein.

(Der Wind und die Oleander 1973)

Traducción/ Übersetzung: Margit Streblow

ANTONIO ARROYO SILVA

MAÑANA EN GÁLDAR

(A José Pablo Quevedo)

Ando por esas calles. No hay desvelo
que me unja o desarme de armadura
o requiebre mi abandono. Solo
entre mis pasos, tan sin mí, incólume
a toda perfección. Sí, formo parte
de un orden no fijado: los balcones
son mis ojos, mis ojos son naranjas
del mercado. Ciruelas para ser
de carne y hueso, carne de guayaba
para que vibre el alma a la que aspiro.

¿Cómo pude olvidarme de ti,
viejo laurel de Indias de la plaza?
¿Cómo mi canto ganó con tu silencio,
calleja retorcida de esta urbe
alzada sobre cráneos remotos?

Lo cercano se acoge a lo lejano
por los pasillos invisibles de un mar
de baldosas. Recojo, de repente,
las frutas que dejó el eco. Tomamos
aquel té de palabras en sordina.

MORGEN IN GÁLDAR
(Für José Pablo Quevedo)

Ich gehe durch die Straßen. Keine Fürsorge kann mich
trösten oder von meiner Rüstung befreien
oder mein Verlassensein aufbrechen. Nur möglich
zwischen meinen Schritten, so ganz ohne mich, unversehrt
bis zur totalen Perfektion. Ja, ich bin Teil
einer nicht festen Ordnung: die Balkone
sind meine Augen, meine Augen sind Orangen
vom Markt, Pflaumen, um aus
Fleisch und Knochen zu bestehen, Guavenfleisch,
damit die Seele vibriert, nach der ich mich sehne.

¿Wie kann ich dich vergessen,
alter indischer Lorbeer von der Plaza?
¿Wie gewann mein Gesang mit deiner Stille,
diese verwinkelte Straße dieser Stadt
erhoben auf abgelegten Schädeln?

Das Nahe beruft sich auf das Ferne
auf den unsichtbaren Wegen eines Meeres
von Fliesen. Plötzlich hebe ich
die Früchte auf, die das Echo hinterlassen hat. Wir trinken
Tee aus gedämpften Worten.

EL CAMINO

El camino no es el camino, sólo
un conjunto de metas y contra metas.
Un paso hacia delante, hacia detrás
dos pasos, así andamos o volamos
para no andar, así precisamente
sin alas y sin pies, sin volumen.

Lo que no es el camino es lo que dicen
que es el camino, un trazo entre dos
casas; después, un límite entre
dos ríos, entre dos palabras insólitas,
entre dos corazones sin orillas.

Así el espacio es tiempo y Ulises ya
no importa, ni Penélope. La sed,
la insatisfecha sed que nunca se va
y nunca llega. Ese es el camino.

DER WEG

Ein Weg ist kein Weg, nur
die Gesamtheit von Zielen und Gegenzielen.
Einen Schritt vorwärts, zurück
zwei Schritte, so gehen wir oder fliegen,
um nicht zu schreiten, genau so
ohne Flügel und ohne Füße, ohne Maß.

Von dem, was nicht der Weg ist, sagen sie,
es ist der Weg, eine Linie zwischen zwei
Häusern; oder eine Grenze zwischen
zwei Flüssen, zwischen zwei außergewöhnlichen Wörtern,
zwischen zwei uferlosen Herzen.

So ist der Raum Zeit und Odysseus ist
nicht mehr wichtig, auch nicht Penélope. Der Durst,
der unstillbare Durst, der nie aufhört
und nie anfängt.
Das ist der Weg.

POSIBLEMENTE

Posiblemente un pájaro deje de cantar
después de estas palabras, o puede que un poeta
deje de respirar antes de que un pájaro cante.

Posiblemente el tiempo pase de largo cuando
se tropiece un cadáver tan vacío de muerte
como de vida y sacie la oquedad de su noche
y entonces todo llegue a un punto cero.

No importa hacer que este discurso caiga
en círculo vicioso, pero
déjame que te mire con el mismo asombro,
déjame entrar de nuevo en ese pensamiento
detrás de tu marasmo, donde no escucho *pico
ni garganta de pájaro alguno*, como
el trovador Arnaut Daniel —y el loco
Ezra Pound.

De Sísifo Sol, NACE, 2015.

MÖGLICHERWEISE

Möglicherweise hört ein Vogel auf zu singen
nach diesen Worten oder ein Poet
hört auf zu atmen, bevor ein Vogel anfängt zu singen.

Möglicherweise verstreicht die Zeit ungenutzt, wenn
eine Leiche so leer vom Tod
wie vom Leben stolpert und die Leere der Nacht sättigt
und dann alles an einem Nullpunkt ankommt.

Es macht nichts, wenn diese Rede
in einem Teufelskreis endet, aber
lass mich dich ansehen mit dem gleichen Staunen,
lass mich nochmals diesen Gedanken verinnerlichen
hinter deinem Kräfteverfall, wo ich weder
den Schnabel noch die Kehle irgendeines Vogels höre,
wie der Troubador Arnaut Daniel – und der verrückte
Ezra Pound.

De Sísifo Sol, NACE, 2015.

Traducción/ Übersetzung: Margit Streblow

AQUILES GARCÍA BRITO

Naufragio

En el supuesto
de que en este océano de los libros
donde nado náufrago,
alcanzara alguna vez muelle,
avistara tierra de ínfimo islote,
bebiera un espejismo ineludible
siquiera...
¿Qué ojos se apartarían de la Imagen
para posarse en unos miserables metros
antes de , impunes,
tirarlos a este maremágnum
de letras olvidadas,
cuando anochece sobre mi deriva,
lo profundo abisal
de individuales conjeturas
que se hunden?

De *La voz mirada*, Idea Aguere, 2011

Schiffbruch

In der Annahme, dass
ich in diesem Ozean von Büchern,
den ich durchschwimme, Schiffbruch erleide,
würde ich wenigstens irgendwann den Hafen erreichen,
eine unbedeutende kleine Insel erblicken,
eine unvermeidliche Fata Morgana trinken...

¿Welche Augen würden sich abkehren von dem Bild,
um ein paar kümmerliche Meter weiter zu posieren,
bevor man sie, ungestraft
in das Durcheinander
vergessener Worte wirft,
wenn es Nacht wird über meiner Strömung,
über der abgründigen Tiefe
individueller Spuren
die versinken?

(Aus La voz mirada, Idea Aguere, 2011)

NO ME HAS PERDONADO

No me has perdonado lo que no te hice.
No olvidas
mi mal comportamiento en los banquetes
que no estuve porque no me invitaste.
Sencillamente, no me aceptas aún.
De repente, me llamas a tus filas,
«hay que apagar un fuego que arde», ordenas
y he de acudir y permanecer firme.
Ya te lo dije cuando no charlamos,
«no me ondees banderas en la cara»
porque puede apagarse sin que sople
ni lo más mínimo.
¿Cómo defenderíamos entonces
que no nos conocemos todavía?

Sin las ganas que no me das
iré,
pero te advierto:
no es bueno que me vengas con el llanto
de un niño.

Isla y vuelta (en colaboración con NACE, 2015)

DU HAST MIR NICHT VERZIEHEN

Du hast mir nicht verziehen, was ich dir nicht angetan habe.
Du vergisst nicht
mein schlechtes Benehmen bei den Banketten,
bei denen ich nicht dabei war, da du mich nicht eingeladen hattest.
Schlicht gesagt, du akzeptierst mich immer noch nicht.
Plötzlich rufst du mich in deine Reihen,
«man muss ein brennendes Feuer löschen», ordnest du an
und ich muss herbeieilen und standhaft sein.
Ich sagte es dir bereits, als wir nicht miteinander sprachen,
«Mal mir keine Fahne ins Gesicht»
sie könnte ausgehen, ohne dass sie je
geweht hätte.
Wie würden wir rechtfertigen,
dass wir uns noch gar nicht kennen?
Ohne die Lust, die du mir nicht gibst
werde ich gehen,
aber ich warne dich:
Komm mir nicht heulend wie ein Kind.

Isla y vuelta (In Zusammenarbeit mit NACE 2015)

Traducción/ Übersetzung: Margit Streblow

María Teresa de Vega Díaz

EL ÁRBOL SIN CESAR ME LLAMA

Sé de calles sin árboles,
Plazas abandonadas: en ruinas silentes
O tomadas por los pájaros,
Paseos deshaciéndose, quebrándose,
Respirando con dificultad
Entre los restos de una guerra
Multiforme e infinita.
Sé de ojos que quieren saltar,
Hacerse añicos,
Retirarse a la quietud cansada
Del hueco de los ojos.
Pero me llaman, me hacen guiños las hojas.
Yo también te llamaba, era como tú,
Lo que buscaba se parecía a ti.
Tú mis ojos, yo tus hojas,
Nuestros gritos se encuentran allí donde se espera
El turno de la luz, el transido del tiempo
de las tierras con dioses.

DER BAUM, DER MICH UNAUFHÖRLICH RUFT

Ich weiß von Straßen ohne Bäume,
verlassenen Plätzen, stillen Ruinen
oder von Vögeln eingenommen,
Spazierwege, die verfallen, wegbrechen,
das Atmen fällt schwer
zwischen den Überresten eines
unbeschreiblichen und unendlichen Krieges.
Ich weiß von Augen, die zerspringen,
sich zerschmettern,
sich zurückziehen möchten, auf die müde Stille
der Augenhöhlen.
Aber die Blätter, sie rufen mich, sie zwinkern mir zu.
Ich rief dich auch, ich war wie du,
Was ich suchte, war dir ähnlich.
Du meine Augen, ich deine Blätter,
Unsere Rufe treffen sich dort, wo man
das Erwachen des Lichtes erwartet,
das Vergehen der Zeit
der Erde mit Göttern.

¿QUIÉN ERES?

Criatura con memoria de la luz,
En tu cielo está la historia del atardecer
Y la vivacidad del alba, su entreabierta dulzura.
Los incendios del sol abrasan y no dejan cenizas
Pero tú eres la ceniza que cae sobre el hundido,
En tu vientre de fumador gozoso
Los espasmos indecentes de la risa.
No eres el hábito de la rama
Ni de la espiga el hálito.
Eres el viento que arrasa y persigue,
De semblante mudo, el pulso
Acorralado por la ira, la codicia y el temor
A las derrotas. No existen las derrotas,
Solo el dolor y las catástrofes que tu mano
Enciende y acumula. Despedido a tu hora
Sin honor. Del mundo,
Su cálido aliento
No doró tus pestañas,
Ni en tus ojos
Navegaron las hojas.

¿WER BIST DU?

Geschöpf mit der Erinnerung an das Licht,
In deinem Himmel ist die Geschichte der Abenddämmerung
Und die Lebendigkeit des Morgengrauens,
seine halbgeöffnete Sanftheit.
Die Hitze der Sonne brennt und hinterlässt keine Asche
Aber du bist die Asche, die auf das Versunkene fällt,
In deinem Bauch, genießender Raucher,
die geschmacklosen Krämpfe des Lachens.
Du hast nicht den Habitus eines Zweiges
und auch nicht die Aura der Ähren.
Du bist der Wind, der hinwegfegt und verfolgt
des stummen Antlitzes Puls
bedrängt durch den Zorn, die Gier und die Angst
vor der Niederlage. Es gibt keine Niederlagen,
nur den Schmerz und die Katastrophen, die deine Hand
entfacht und anhäuft. Entlassen zu deiner Stunde
ohne Ehren. Der Welt
warmer Atem
hat deine Wimpern nicht vergoldet
und in deinen Augen segelten keine Blätter.

Traducción/ Übersetzung: Margit Streblow

Fabio CARREIRO LAGO

TAGOROR *
(Las leyendas surgen alrededor de piedras en círculos
José Pablo Quevedo)

Cerramos los ojos y se calma el viento.
Misteriosa arribada,
el silencio, la noche ocultan sus pasos.
Desde aquí no se va a ninguna parte
y al cruzar el arco
siempre resuenan los ecos,
sus huellas borradas por el camino terroso.
Pero alinearon estas piedras
elipse, pretendido universo,
refugio de un poder temporal
y al fin nos sentamos juntos,
pasado y presente.
Nunca hubo tiempo mejor.
Iniciamos un improbable diálogo
sólo quería saber por qué.

*"Tagoror": Palabra Guanche (aborigen de Canaria), que se usa para referirse a un
lugar de reunión antiguo.

TAGOROR *

(Die Legenden entstehen rund um die im Kreis aufgestellten Steine
José Pablo Quevedo)

Wir schließen die Augen und der Wind legt sich.
Mysteriöse Ankunft,
die Stille, die Nacht verbergen ihre Schritte.
Von hier aus geht es nirgendwohin
und wenn man den Bogen überquert,
widerhallt das Echo
ihrer verwischten Spuren auf dem erdigen Weg.
Aber sie stellten diese Steine auf:
Ellipse, vorgebliches Universum,
Refugium einer zeitweiligen Macht
und am Ende setzten wir uns gemeinsam,
Vergangenheit und Gegenwart.
Niemals gab es eine bessere Zeit.
Wir beginnen einen unwahrscheinlichen Dialog
ich möchte nur wissen warum.

* "Tagoror": Wort der Guanchen (Ureinwohner der Kanarischen Inseln), wird
benutzt, um sich auf einen früheren Versammlungsort zu beziehen.

TEORÍA DE POBLAMIENTO

A punto de alcanzar la orilla
tras una larga travesía
cada vez se aleja más.
La montaña no existe.
La isla es un sueño.
Grandes olas
subducen bancos de arena.
Nos devora la ballena,
arrastra el viento mi voz...
No hay ancla que nos retenga
en la libertad del infinito.
¿Cómo fondear en ningún lugar?
Giramos en una espiral, mancha oscura.
¿Cuándo alcanzaremos la tierra?
¿Ahora o nunca?
De lo que nos contaron del pasado
casi nada es verdad.
Las palabras eran culpables.

BESIEDLUNGSTHEORIE

Fast am Ufer angekommen
nach einer langen Überfahrt
entfernt es sich jedes Mal mehr.
Der Berg existiert nicht.
Die Insel ist ein Traum.
Große Wellen
schieben sich unter Sandbänke.
Uns verschlingt der Wal,
der Wind reißt meine Stimme fort...
Kein Anker gibt uns Sicherheit
in der Freiheit der Unendlichkeit.
Wie etwas irgendwo ausloten?
Wir drehen uns im Kreis, dunkler Fleck.
Wann erreichen wir das Festland?
Jetzt oder nie?
Von dem, was man uns von der Vergangenheit erzählte,
ist fast nichts wahr.
Die Wörter waren die Schuldigen.

Traducción/ Übersetzung: Margit Streblow

Aida González Rossi

otra ciudad tus dedos

tus dedos agujas de otra ciudad. tus dedos yedra arena busco la
fuga del ruido (debe haber
alguna los vecinos lo dirán necesitamos mejorar ser cívicas). del
ruido reviso las fotos: tus
dedos mi vientre dos estrías como párpados cerrados dormidos
cargo
dos ojos que sólo abrirán tus dedos cuchillas de otra ciudad.
pertenezco por ello (la sed el
deseo lamer el suelo cuando llueve) a otra ciudad? pertenezco a
otra ciudad traiciono en la
sed destierro a los míos. salid de la casa: tus dedos la llave perdida
estuve ciega y después
conocí solamente conocí
la cura.

Eine andere Stadt, deine Finger

Deine Finger Nadeln einer anderen Stadt. Deine Finger Sand und Efeu. Ich suche dem Lärm zu entfliehen (Es muss eine Möglichkeit geben, die Bürger werden sagen, wir müssen bessere Bürger werden). Ich bearbeite die Fotos des Lärms: deine Finger mein Bauch zwei Rillen wie im Schlaf geschlossene Lider, ich nehme zwei Augen mit, die nur deine Finger – Messer einer anderen Stadt- öffnen werden. Gehöre ich deshalb (der Durst, der Wunsch den Boden zu lecken, wenn es regnet) zu einer anderen Stadt? Gehöre ich zu einer anderen Stadt, verrate ich in dem Durst die meinen, verbanne sie. Geht aus dem Haus: deine Finger – der verlorene Schlüssel, ich war blind und dann lernte ich kennen, nur kennen: die Heilung.

miedo

miedo es una alcantarilla en la que no se puede jugar. miedo es una escoba que no llevará a
una bruja. miedo es un vaso mohoso miedo es la menstruación
miedo es que no acudan a la
cita de las seis de la tarde que no vengan miedo.
miedo es la línea que me mide. miedo es mi altura miedo es rasgar con la nariz el blíster del
olimpo. miedo es el cartel de neones miedo es mi pie derecho
miedo es desmesura que la casa
no soporte el peso hundirme llegar al centro de nadie miedo es una grieta en la casa una grieta.
miedo es provocar las grietas.
miedo es la garganta que no termina aquí.

Angst

Angst ist ein Abwasserkanal, in dem man nicht spielen kann. Angst ist ein Besen, der keine Hexe trägt. Angst ist ein schimmliges Glas, ist Menstruation, Angst bedeutet, dass zum Treffen um sechs nachmittags jene nicht kommen, die Angst haben. Angst ist die Linie, die mich misst. Angst ist meine Größe. Angst ist mit der Nase die glitzernde Hülle des Olymps einreißen. Angst ist das Plakat mit Neonreklame. Angst ist mein rechter Fuß, Angst ist Maßlosigkeit, die das Haus nicht aushält, die Schwere zu versinken, in den Mittelpunkt von niemandem zu kommen, Angst ist ein Spalt, ein Riss im Haus. Angst ruft Risse hervor. Angst ist der Rachen, der hier nicht endet.

Traducción/ Übersetzung: Bárbara Krüger de Quevedo

María Gutiérrez

Canción de una mujer diola

Yo, una diola
subiré a este barco sin volver la vista
sin mirar atrás.
Acudí hasta el
Fromage
en el Bantán
deposité mi cordero, la leche, la miel y el manojo de arroz
uní mi danza y mi voz a las de las mujeres del pueblo
como Aline Sitoe Diatta
Ella nos enseñó
Ella me guía en el camino azul
y el Espíritu me protege
Va conmigo
porque crucé el agua
salté el agua que mi madre arrojó desde la puerta de la casa
después de sus plegarias sin palabras
pidió la fuerza para mí
vació su cuenco de calabaza
mostrándome el camino
Ahora, ve libre como el agua

Y partí
y no vi su cara
porque no miro atrás
como me ordenó
Parto sin volver los ojos
que se llevan el río
y las montañas de los antepasados
la brisa entre las ramas de los árboles
los campos de mijo
la aldea
la luna en el lago y en las hojas de los baobabs
Con los ojos llenos y mi corazón entero embarco
voy en paz porque el Espíritu me protege
Él guiará a esta mujer diola
hacia los días felices.

Lied einer Diola-Frau

Ich, eine Diola
werde auf dieses Schiff steigen,
ohne den Blick zu wenden,
ohne zurückzusehen.
Ich ging bis nach *Fromage* im Bantán,
verwahrte mein Lamm, Milch, Honig und ein Bündel Reis,
schloss meinen Tanz und meine Stimme denen der Frauen des
Dorfes an
wie Aline Sitoe Diatta.
Sie lehrte uns,
sie führte mich auf dem blauen Weg
und der Geist beschützt mich.
Er begleitet mich
weil ich das Wasser überquerte
ich sprang über das Wasser,
das meine Mutter vor der Haustür ausschüttete
nach ihren Gebeten ohne Worte,
sie bat um Kraft für mich,
leerte ihr Kürbisschale
und zeigte mir den Weg.

Jetzt geh frei wie das Wasser

Und ich ging,
sah nicht ihr Gesicht,
weil ich nicht zurückblicke,
wie sie mir befohlen hat.

Ich geh weg, ohne mich umzuwenden,
nehme in meinen Augen den Fluss mit
und die Berge der Vorfahren,
die Brise in den Zweigen der Bäume,
die Hirsefelder,
das Dorf,
den Mond im See und in den Blättern des Baobabs.
Mit vollen Augen und meinem ganzen Herzen steige ich aufs Boot.
Ich gehe in Frieden, weil der Geist mich beschützt.

Er wird diese Diola-Frau führen
hin zu glücklichen Tagen.

Traducción/ Übersetzung: Bárbara Krüger De Quevedo

... aus Berlin und jott-weh-de[4]

... desde Berlín y del exterior

---

[4] der Berliner spricht das G immer als J aus und das klingt wie Gott, dabei ist gwd die Abkürzung für ganz weit draußen = meint die unmittelbare Umgebung der Stadt aber auch aus aller Welt oder auch Gott weiß das

Ulrich Grasnick
Andreas Diehl
Michael Eric
York Freitag
Slov ant Gali
Elisabeth Hackel
Petra Namyslo
Petra Urbaniak

sind die deutschen Dichter, die in der Anthologie von Gran Canaria (*Voces del Orillero mar II - Stimmen des Meeresumschlungenen Ufers II*) aufgenommen sind und die aus Anlass der XXII. Cita der Poesie 2018 erscheinen wird.

Siegfried Modrach   (Berlin)

Fern der Heimat

Wenn du dich
nach deiner Heimat
sehnst,
laß, fern von ihr,
sie in Erinnerung,
daß dir die Sehnsucht
bleibe.

Es könnte sein,
daß ihre Wirklichkeit
jetzt anders ist,
als du erhoffst.

04/2014

Marlies Schmidl (Berlin)

fremd meine schritte
in straßenkulissen
abspann
scharfe konturen
verschwommen auch
vom blitzlicht kalt
die bilder meiner leben

wann habe ich
zum letzten mal
mit eigenen augen
gesprochen
unzählige aufnahmen
blättere ich fort
mit lächelndem weinen

januar 08

Sturm

dunkle wogen
tief unter tosen
gesang
Ich höre mich
nicht mehr
wind drückt mich
reißt mir den
atem vom mund

was bin ich
hier

Hiddensee, August 2010

Weit lief ich

Mit wenigen worten
zerschlugst du die zeit
die uns beide getragen hat
Sie fiel zu boden
wie ein hemd

Ich sah in augen
die nicht
deine waren
eine fremde kälte
sprang mich an

Am strand suchte ich steine
jahrhundertwanderer
riß mir worte aus der seele
warf sie in die wellen
die schluckten und schluckten

Schwer der sand
unter den füßen
weit lief ich
doch einen weg zu mir
fand ich nicht

Februar 2012

erinnerungen

hände
die berührten
ohne mich zu berühren

hände
die mich hielten
denen ich entglitt

hände
die seide webten
auf meiner haut

der duft
der farben
ist mir geblieben

Francisco Cienfuegos[5] (Frankfurt am Main)

Wenn sich der Weg verzweigt

Ich wünsche dir Sehnsucht
ungewisse Sehnsucht
Sehnsucht, die man nicht errät
Sehnsucht, die entblößt
und enttarnt
was vom Tag übrig blieb

Sehnsucht, die ausgräbt
und keine, die tröstet
sondern die stört und drückt
sich aufbäumt
und erzürnt

Jene Sehnsucht in jeder Bewegung
zwischen den Spalten in tiefster Nacht
wenn mich der Durst nach Horizont
überkommt
und ich mich dem Licht aus Asche nicht ergebe

Unmöglich wird ein Traum nur dann
wenn man aufwacht
und die Welt ist umhüllt
von dem, was du ersehnst

---

[5] F. Cienfuegos ist bilingual und der Übersetzer seiner eigenen Texte

Cuando se dobla el camino

Te deseo anhelo
el incierto
el que no se adivina
el que desnuda
y descamufla
lo que sobró del dia

el que escarba
no el que alivia
sino el que incomoda y aprieta
el que se subleva
y atormenta
anhelo en cada movimiento

entre las grietas de la madrugada
cuando la sed de horizonte
me invade
y no me rindo a la luz cenicienta

Imposible es únicamente el sueño
cuando se despierta
y el mundo está envuelto
por lo que anhelas.

Nur die Liebe (Macht der Liebe)

Wenn die Welt aus den Fugen gerät
und dich trotzdem nicht verlierst...
wenn du dich aber doch verlierst und dich nicht aufgibst...
wenn du dich aber doch aufgibst und trotzdem gehalten wirst...
wenn du dich im freien Fall befindest
und trotzdem aufgehoben bist...

... dann ist jemand bei dir,
der dir Raum zum Wachsen gibt,
weil er dich, so wie du bist,
weil du bist, wer du bist,liebt

Selbstlos kann Liebe nur sein,
wenn sie nicht herrschen will
wenn Liebe allmächtig ist,
kann sie allein nur machtlose Liebe
alleine
sein

Weil Liebe in ihrer Allmacht weder zwingt noch schreit
der Liebe willen nur liebt, nur halten kann
und über einen Strom immer nur Brücke ist

Sólo el amor (El poder del amor)

Si el mundo se desborda
y no te pierdes...
Y si no llegaras a rendirte
aunque te perdieras...
Y si estás en caída libre
y aun así nunca te desplomas
y te sientes acogido...
...es porque hay
alguien contigo,
alguien que te abre espacios para crecer
porque te quiere
por ser quien eres
Amor únicamente puede ser lo que es,
desprendido y autosuficiente,
si no pretende imponerse,
si no requiere poderío.
ni es tuyo, ni es mío,
sólo puede esparcirse
si es compartido
Si el amor es todopoderoso
sólo puede ser
solitario amor impotente,
ni grita ni obliga
ama por amar, siendo puente en un torrental.

José Pablo Quevedo (Perú-Alemania)

La frustada anunciación

Esta vez, la anunciada llegada del ángel a la Tierra no fue posible. Cansado por el viaje sobre las muchas galaxias del infinito y, acaso, aún acortando las distancias por los caminos de orugas de los huecos negros que facilitaban su recorrido, él vio que ya era imposible llegar a este planeta.

Como ser de luz y que viajaba a esa misma velocidad, todavía le quedaban 20 mil años- luz para llegar a su objetivo, y el ángel se fastidió de no poder llegar a la Tierra con el mensaje para María que le había encomendado la providencia, y por el cual se decía que, ella había sido la elegida para ser la madre de Jesús. Y esto era un imposible, pues su llegada sería después, cuando la Tierra iba a ser tragada por una enorme estrella roja en la que se habría convertido el Sol.

El ángel miró desde esa otra esfera celeste, lo que le iba a suceder a la Tierra en un futuro cercano, aún cuando en otros miles de años- luz de su recorrer se habría de acercar a su destino. Y Gabriel sumo otro de sus fracasos a los que había tenido en otras tantas veces por no poder llegar a tiempo para hacer otras anunciaciones previstas.

Die gescheiterte Verkündigung

Dieses Mal war die verkündigte Ankunft des Engels auf der Erde nicht möglich. Müde von der Reise durch die vielen Galaxien der Unendlichkeit, und obwohl er die Entfernungen auf breit getretenen Wegen der schwarzen Löcher abkürzte, die seinen Weg weniger beschwerlich machten, sah er doch, dass es unmöglich war zu diesem Planeten zu gelangen.

Da er wie das Licht war, in der selben Geschwindigkeit reiste, lagen doch noch zwanzigtausend Lichtjahre vor ihm, um zu seinem Ziel zu gelangen. Der Engel ärgerte sich, dass er mit seiner Botschaft für Maria, die ihm die Vorsehung aufgetragen hatte, nicht die Erde erreichen konnte, eine Vorhersage, dass Maria auserwählt war, die Mutter von Jesus zu werden. Er würde erst ankommen, wenn die Erde von einem enorm großen roten Stern geschluckt worden wäre, in den sich die Sonne verwandelt hätte.

Der Engel schaute von jener anderen himmelblauen Sphäre auf das, was der Erde in einer nicht so fernen Zukunft geschehen würde, auch wenn er sich in weiteren tausend Lichtjahren der Reise seinem Bestimmungsort nähern müsste.

Und Gabriel rechnete diesen Fehlschlag den anderen hinzu, die er so oft hatte, weil er nicht rechtzeitig kommen konnte, um die vorhergesehenen Ankündigungen machen zu können.

"El Dedo de Dios*"
(Para Sagrario Nuñez)

Antes fue una terraza de magma hirviente hecha por un volcán, después fueron rocas solidificadas de lava, y una de las cuales, más adelante, por la acción del agua de mar se convirtió en el *Dedo de Dios*. Ahora esa roca se ha convertido por el deterioro del tiempo en el *Muñon de Dios*, y más adelante será la *Calva de Dios*.

Más cuando los poetas del futuro cercano hablen sobre esa calva-la cual ya tampoco existirá-, hablarán sobre la arena dorada, pues la calva de Dios será la arena dispersa en una playa de Puerto Nieves llevada por el oleaje del mar.

Entonces, los poetas de un futuro cercano recogerán las pisadas del tiempo de aquellas arenas y se las llevarán para hacer nuevas poesías y que serán poesías de arena dorada y de lo que fue y no de lo que hubieran querido que fuera, y tal vez, a sus poemas llamarán *Arenarios de Dios*, o *"Tiempo de la arena hecho por el Dedo de Dios"*.

Pero, aquellos poetas que vendrán millones de años más adelante, al percibir las imágenes pasadas de esa metamórfosis del tiempo, tal vez escribirán sobre el magma nuevo, cuya acción borró todo lo anterior: el dedo, el muñon,la calva, la arena, y todo lo que proclamaron los poetas de ese futuro cercano, es decir, lo que fue una gota entre las gotas del tiempo.
Y esta es la ilusión que nos juega el tiempo a su paso hacia la eternidad, con lo cual reverdece diferente,y que no es la mismo en su segunda y tercera vez, y en lo que es y no es, con lo cual el tiempo tiene rostros nuevos y viejos y siempre es otro.

El dedo de Dios, se llama a una formación de lava rocosa en el Puerto de Nieves en la Isla de Gran Canaria.

118

"Der Finger Gottes" *
(Für Sagrario Nuñez)

In vergangenen Zeiten war es eine Terrasse aus heißer Lava des
Vulkans, danach erkaltete Felsen
aus Magma. Einer von ihnen, der weiter vorn stand, wurde durch
das Wirken des Meeres zum *Finger Gottes*. Jetzt ist dieser Fels
aufgrund der Einwirkungen des Wassers zum *Fingerstumpf*
geworden.
Später wird er wohl der *Kahlkopf* Gottes sein.

Mehr noch, wenn die Dichter der nahen Zukunft über diesen
Kahlkopf sprechen werden, der dann schon nicht mehr existieren
wird, werden sie über den goldenen Sand reden, denn der kahle
Kopf wird der von den Wellen des Meeres am Strand von Puerto
Nieves verstreute Sand sein.

Dann werden die Dichter einer nahen Zukunft die Fußstapfen der
Zeit jenes Sandes auflesen und aus ihnen neue Gedichte schaffen,
Gedichte des goldenen Sandes, die davon sprechen, was er war und
davon, was sie gewollt hätten, dass er wäre. Vielleicht werden sie
ihre Dichtungen *Gottes Sandstrände* nennen oder *Zeit des Sandes,
der vom Finger Gottes übrig blieb.*

Aber jene Dichter die in Millionen von Jahren kommen werden,
die die vergangenen Bilder dieser Metamorphosen der Zeit
wahrnehmen, werden vielleicht über das neue Magma schreiben,
dessen Wirken alles Frühere ausgelöscht hat: den Finger, den
Fingerstumpf, den Kahlkopf, den Sand und alles was die Dichter
der nahen Zukunft verkündet hatten, also das was ein Tropfen
zwischen den Tropfen der Zeit war.

Das ist die Illusion, die die Zeit uns auf ihrem Schritt zur Ewigkeit
bereitet, von dem anderen Wiederergrünen, welches nicht
dasselbe ist beim zweiten und dritten Mal, und von dem, was es ist
und nicht ist, mit dem die Zeit neue Gesichter bekommt und alte,
und immer sind es andere.

- *El dedo de Dios*, se llama a una formación de lava rocosa en el Puerto de
  Nieves en la Isla de Gran Canaria.

Traducción: **Bárbara Krüger De Quevedo**

Wolfgang Endler (Berlin)

ABC der Skurrilitäten oder wahre Lügen weltweit
24.12.2017

Ayatollah Khamenei hält Weihnachtsansprache
Ben Becker liest die Bibel
Kurt Krömer liest den Koran
Michel Friedman liest die Hamas-Charta
Papst Franziskus liest Schwarze Messe
Thomas Gottschalk liest die Thora
Zarathustra spricht: "Nichts ist unmöglich!"
Oder war das der Weise Hyundai?

El ABC de lo grotesco o mentiras verdaderas a nivel mundial

Ayatollah Khamenei hace su prédica navideña
Ben Becker lee la Biblia
Kurt Krömer recita el Corán
Michel Friedman lee la carta de declaración de Hamas
El Papa Francisco hace una misa negra
Thomas Gottschalk lee la Torá
Zaratustra dice: "¡Nada es imposible!"
¿Sino fue el sabio de Hyundai?

Bonsai Träume

auf einer Feder fliegend
Stratosphäre streicheln
gemächlich schlendern
durch eine Moosallee
auf dem Borkenschiff schwimmen
gegen den Wind segeln
in deiner Achselkuhle
Höhlenbär spielen

El sueño del bonsai

Sobre una pluma volando
acariciar la estratósfera,
lentamente ir caminando,
a través de una avenida de musgo,
flotar en un barco de corteza
navegar contra el viento,
en tu axila
hacer el oso como en una cueva.

Nah - Fern - Wirkung

Treffpunkt Weltzeituhr
Berlin - Rio
kalter Regen
contra Zuckerhut-Zeit
Klett-Verschlüsse
an unseren Ärmeln
treffen sich zufällig
Kurz-Zeit-Verbindung
lächelnder Blick auf Werbung
jede Minute verliebt sich jemand
auf worldwide quickship
Trennung kein Thema
Uhrzeit zurückdrehen?
dein Flieger wartet nicht
Fern-Beziehung in Sichtweite?
Luftfracht bereits aufgegeben?
Boden der Tatsachen vibriert
würfelspielende Rückflug-Optionen.

Cercano y lejano efecto

Punto de encuentro el Reloj Mundial
Berlín – Río,
lluvia fría
contra el tiempo del pan de azúcar,
cierre adhesivo
en nuestras mangas
se encuentran casualmante
relación de corto tiempo,
miradas sonrientes de la publicidad
cada minuto se enamora alguien
por worldwide quickship.
La separación no es un tema,
las horas hay que regresarlas?,
tu avión no espera.
Relación a distancia al alcance visual?
La carga aérea ya facturada?
El suelo de los hechos vibra
juego de dados para una opción de regreso.

Traducción: José Pablo Quevedo

Brunhild Hauschild

Ich bin
kein Moslem, auch kein Christ,
kein Jude und kein Islamist,
weder Atheist noch Hinduist,
auch kein Buddhist.
Ich bin Pazifist
(alle Kriege sind Mist!)
Ich sage offen, was zu ändern ist,
ich glaube an mich, ich bin Optimist.
Und Du, weißt Du, wer Du bist?

Yo no soy
musulmana tampoco cristiana,
tampoco judía o islamísta,
no soy atea ni hinduísta,
tampoco soy budista.
Yo soy pacifista
(¡todas las guerras son una mierda!)
Digo abiertamente lo que debe cambiar,
yo creo en mí, y soy optimísta.
Y tú, ¿te conoces, sabes lo que eres?

Wolken

Wolken
bilden
Bilder.
In jedem Bild sehe ich dich

Nubes

nubes
crean
imágenes.
En cada imagen estás tú.

Seidengarn

Häkelwölkchen
aus Luftmaschen
von Seidengarn
fügen sich
zu Schäfchenmustern.
Siehst du den Schäfer
mit der Garnrolle
im sonnigen Tag?

Hilos de seda

Nubes de croché
de puntos por encima
de hilos de seda
se entrelazan en
muestras de ovejitas.
¿Ves al pastor
con el carrete de hilo
en el día soleado?

Traducción. José Pablo Quevedo

Jürgen Polinske (Berlin)

Die Feuer von La Gomera
Auszug

1   Ein Seminar

La Gomeras Erde beendet den Vortrag und dankt allen
„was für ein tolles Team wir doch sind!"
Der Lorbeerwald mit all seinen knorrigen Stämmen
den wachsüberzogenen Blättern daran, den Dornen
eröffnet die Diskussion
unterstützt von Farnen, Gräsern und Moosen.
Bakterien, Lurche, auch Vögel, niemand war unzufrieden.
„Doch wir Dornen mussten manchmal stechen",
merkten sie an.
„Uns tritt man nieder, stärker und stärker",
ergänzten Gräser und Farne.
„Gift gibt es für uns, mehr und mehr"
klagten die Tiere.
Der Wind, die Wolken, das Wasser lobten
wie lebendig diese Beiträge sind –

... und der Mensch ?
„Mag alles richtig sein, doch
unter ökonomischen Aspekten
muss ich es noch einmal
beleuchten ..."

Unfall?
oder Vorsatz?
Feuer vernichtet einen Teil des Protokolls

Los fuegos de la Gomera

1   Un seminario

En la tierra de La Gomera se termina la charla y se agradece a
todos:
„¡Qué formidable equipo somos nosotros!"
La laurisilva con todas sus bastas ramas y
sus hojas cubiertas de cera y las espinas inician la discusión
apoyadas por helechos, pastos y musgos.
Bacterias, anfibios, también pájaros, estaban satisfechos.
„Pero, nosotras las espinas teníamos que pinchar de cuando en
cuando",
les recordaron ellas.
„ Y a nosotros nos patean fuerte y más fuerte",
complementaron el pasto y el helecho."
„Hay veneno para nosotros, más y más",
se quejaron los animales.
El viento, las nubes, el agua elogiaron
cuán animados son estos aportes .

... Y ¿el hombre?
„Puede ser que todo sea correcto,
pero bajo el aspecto económico,
debo esclarecerlo una vez más ..."

¿Accidente?
¿o intención?
El fuego elimina una parte del protocolo.

2   Waldbrand[6]

Das Wort brennt auf der Haut
brennt sich tiefer
bis mir die Galle kocht
weil kein Blitz ihn gezündet
Schwarztot ein grünes Herz

2   Incendio forestal

La palabra quema en la piel
quema profundamente
hasta mi bilis se cocina
porque ningún rayo lo encendió.
Muerto, negro un corazón verde.

---

[6] durch Brandstiftung brannte 2012 und 2014 ein großer Teil des Nationalparks nieder
A través de un incendio provocado se quemó en 2012 y en 2014 una gran parte del parque nacional de la Gomera, Garajonay.

3

Geopfert die Farben
der Blätter und Blüten
die Kleider der Vögel
verdorben der Himmel
durch Qualm und Rauch
Ohne Begleitung durch Blätter
bleibt Trauer
der Vögel Gesang

3

Sacrificados los colores
de las hojas y de los retoños
los vestidos de los pájaros
deteriorado el cielo
por el humo y las cenizas.
Sin el acompañamiento de las hojas
queda la tristeza
en el canto de los pájaros.

Traducción: José Pablo Quevedo

137

Reinhard Kranz

(Berlin)

Das ist kein Frieden
(2014)

garten der erde im frühling
ein labor der krähen
im näheren osten
ein steriles blau weist rot
rauchend
die getarnte lawine aus blech
zieht ungeahnte kreise
bis kugeln für gewehre entstehen
auch auf dem papier

ein freies wort verirrt sich
lichte momente
von schildern und schirmen
verdeckt
mich umgibt
eine dünne hülse des friedens
kaum kann man
das menschliche
wirklich erkennen

No es tiempo para la Paz

Jardín de la tierra en primavera
un laboratorio para los cuervos
en el este cercano,
un azul, blanco y rojo esteril
echando humo,
la avalancha camuflada de lata
forma círculos inesperados
hasta producir balas para fusiles
también en el papel.

Una palabra libre se pierde
momentos claros
tapados por señales y paraguas,
a mí me rodea
una capa fina de paz,
casi, apenas,
se puede reconocer
lo humano.

Das Land in den See..

(2014)

zeiger der uhr
geben nicht
gleich den fahnen
die richtung an
die große glocke
wurde nur
vom großen dichter
angeschlagen

ich rudere
um die mauern
des turmes
aus ferner zeit
unbewohnbar heute
dieses gehäuse
der lieder

mein kahn treibt
auf totem gewässer
durch düstere brücken
ich hole jetzt
mein heimwehsegel ein

La tierra en el lago

Las manijas del reloj
no indican la dirección
como las banderas,
la gran campana
tocó sólo
por el gran poeta.

Yo remo
en torno de los muros
de la torre
de tiempos lejanos,
inabitable
este castillo de canciones.

Mi lancha flota
sobre aguas muertas,
por debajo de puentes oscuros
yo estoy recogiendo
mi vela de nostalgia.

Traducción: José Pablo Quevedo

Martha Gantier Balderrama   (Bolivien)

Especies equivocadas

Quizás esta noche
desciendan mis manos
más allá de tu piel
y tu médula ardiente
hable de cuando eras pez
y no pronunciabas el azul,
porque habitabas en él.
Quizás esta noche
la caja sonora de tu pecho
murmulle del desierto,
de epístolas escritas en la arena,
de iguanas de fuego
tendidas boca arriba
esperando raciones de estrellas,
para soñar.

Quizás esta noche
hable tu sangre
de zombis glaciares
cargando esperma de dioses,
a úteros sórdidos,
quizás hable del vuelo enloquecido
de aves arcaicas,
de erizos tristes vagando en los caminos.
quizás esta noche,
la sal de tu cuerpo
llueva sobre el mío
y al amanecer
mi esencia de caracol
se escurra entre las sábanas.
quizás...

Falsche Art

Vielleicht steigen in dieser Nacht
meine Hände tiefer
als deine Haut, spricht
dein brennendes Knochenmark
von der Zeit als du Fisch warst
und das Blau nicht aussprachst
weil du darin lebtest.

Vielleicht murmelt in dieser Nacht
die Klangschachtel deiner Brust
von der Wüste,
von in den Sand geschriebenen Briefen,
von Leguanen aus Feuer
die mit aufgesperrtem Mund
auf der Erde liegen und Rationen aus Sternen
erwarten um zu träumen.

Vielleicht spricht in dieser Nacht
dein Blut
von gletschernden Zombies
die Göttersperma in heruntergekommene
Gebärmütter tragen,
vielleicht spricht es vom verrückten Flug
vorzeitlicher Vögel,
von traurigen Igeln die auf den Wegen wandeln.

Traducción (Ingeborg Robles)

Sobras de tiempo

Si al terminar el día
quedan restos de tiempo
para existir
buscaré en las copas de algún horizonte
invertido,
ese licor que embriague
a los salvajes que habitan debajo de mi piel
y mientras ellos canten, bailen y hagan maldades
con mi sien recostada en el lodo
y mis ojos perpendiculares a la esfera
meditaré
la luna rodando entre tumbas y peces,
domaré un bufeo blanco
para llegar a orión y después de bañarme en su fulgor
buscar a mi perro entre los tetraedros del infinito
y correr con él a tocar las puertas del mundo
si queda tiempo para existir...

Zeitreste

Wenn am Ende des Tages
Zeitreste übrigbleiben
um zu bestehen
werde ich in den Bechern
irgendeines umgedrehten Horizontes
nach dem Likör suchen
der die wilden Bewohner
unter meiner Haut betrunken macht,
und während sie singen, tanzen und Unsinn treiben
mit meiner in den Schlamm gestützten Schläfe
und meinen senkrecht zur Erdkugel stehenden Augen
werde ich den Mond ersinnen
wie er sich wälzt zwischen Gräbern und Fischen,
werde ich einen weißen Delphin zähmen
um auf ihm den Orion zu erreichen und mich dann in seinem
Glanze baden
danach meinen Hund suchen zwischen den Tetraedern des
Unendlichen
und mit ihm rennen und rennen bis ich die Türen der Welt
berühre
wenn Zeit bleibt um zu bestehen...

Traducción (Ingeborg Robles)

Anke Apt (Berlin)

Immer wieder?

Du denkst, es ist alles lange vorbei
und sie kommen nie wieder, die Zeiten.
Doch der Höllenhund, der schläft nie lang,
die Pest will sich wieder verbreiten.

Und wieder kreischen die Häscher am Platz,
und die Massen, sie johlen so laut.
Es werden Behauptungen aufgestellt,
doch nicht jeder die Lügen durchschaut.

Parolen finden schnelles Gehör,
die Schuldigen sind bald gefunden.
Es rasseln die Säbel, es steht das Heer.
Der Höllenhund zählt seine Stunden.

Auf der Seele brennt mir auch, dass meine gerade geborene Enkelin in Frieden und Wohlstand aufwachsen kann. Ich war im Sommer noch einmal an dem Bäumchen, das wir im Arboretum gemeinsam gepflanzt hatten und ich habe in meinen Zeilen sowohl an den Baum, als auch an meine heranwachsende Enkelin Charlotte gedacht.

Vorfreude

Ein Kind wächst heran.
Es wird froh erwartet.
Wann kommt es nun an?
Ein Lebensbaum startet.

Wann kommt es nun an?
Es wird froh erwartet.
Ein Lebensbaum startet.
Ein Kind wächst heran.

Jährlicher Sonnenanfang

Obwohl der Winter milder war,
mir schien er viel zu lang.
Mein Herz flog weinend durch die Nacht
und lag im Bluesgesang.

Und wieder steigt die Sehnsucht auf
nach Frühjahrssonn und Neuanfang.
Die kleinen Vögel balzen schon,
da ist auch mir nicht mehr lang bang.

Die Sonne schmeichelt meiner Haut,
bringt mein Gemüt zum Singen.
Ich spring wie jung durch die Natur,
hör alte Lieder klingen.

Lebenswünsche

Junges Bäumchen, wachs heran,
schenke neues Leben!
Deine Äste mögen stets
hin zur Sonne streben.

Breite deine Arme aus,
nimm dir Raum im Garten!
Wie du Schatten spenden wirst
kann ich kaum erwarten.

Maria Pilar Cavero, José Pablo Quevedo

Anke Apt, Almut Armelin

151

Almut Armelin (Berlin)

Ein Tourist

Mit hörendem
Blick auf google-map
stolpert er,
macht einen Bogen
um den Obdachlosen
mit seinen „Strassenfegern"[7]
unterm Arm.

Schauendes
Vergnügen
eines Fremden.
Schweres Gepäck
für den,
der losgelassen.

---

[7] „Der Straßenfeger" – eine Berliner Obdachlosenzeitung

Neben der Spur

Wies dich auch aufzuhorchen treibt, Das
Dunkel, das Rätsel, die Frage bleibt.
Theodor Fontane (1819 – 1898)

Mein Blick
durchkreuzt
von einem Düsenjet
mit Lärm
um mich.

Spuren der Zeit
an mir
ersticken
meine Stimme.
Sprachlos
rede ich mir zu.
Gebunden
fühl ich mich
an meinen Körper,
lebe mit ihm.

Es gibt viele
Gründe,
die Fassung
zu verlieren.
Eins aber mag ich:
Sonne bringt
meine Gedanken
zum Gären.

María Nancy Sánchez Pérez (Bolivien Berlin)

AGUA DEL ÁRBOL ROJO

Me desnudé a orillas del río,
bajo el árbol de hojas rojas,
hojas acorazonadas de poros sedientos,
hojas sangrientas de agua femenina.

Después de varias horas
entre las ramas y la arena,
follajes de amores invisibles me abrazaron,
presumiendo mi desnudo interior.

Las hojas de riberas encantadas caían en su bosque,
e insistentes me cubrían el cuerpo.
Mi boca, mis manos, mis pies estaban rojos de Otoño
La tierra también estaba cubierta de hojas rojas,
Horas desnudas que intimaron con las deshojadas flores.

A la sombra del calor
me sentí mordida, aprisionada, asfixiada
por la voraz Afrodita del bosque
que me despertó con un beso mojado.

WASSER VOM ROTEN BAUM

Ich entkleidete mich am Ufer des Flusses
unter dem Baum mit roten Blättern,
den Blätterherzen mit durstigen Poren
Blätter, die weibliches Wasser bluten

Nach einigen Stunden
zwischen Zweigen und Sand
umarmte mich sein Laub aus unsichtbaren Lieben,
nahm mein nacktes Inneres an.

Die Blätter verzauberter Ufer fielen in ihren Wald,
und bedeckten nachdrücklich meinen Körper,
mein Mund, meine Hände, meine Füße waren rot von Herbst
und auch die Erde war mit roten Blättern bedeckt,
Nackte Stunden wurden mit entblätterten Blumen vertraut.

Im Schatten der Wärme
von einem feuchten Kuss geweckt.
fühlte ich mich gebissen, gefangen, erstickt
von der gefräßigen Aphrodite des Waldes.

SOLITARIO JARDÍN

Aquel del jardín,
no era nadie,
vivía en el jardín abandonado.
Abandonado por los jardineros.

Se cubría de cartones sin palabras.
Todas sus pertenencias eran bolsas de plástico.

Aquel que silbaba con el viento.
Junto al respirar de las hojas.

Aquel pobre hombre,
se bañaba en el lago encantado
del jardín de los sapos cantores.

Aquel hombre,
era un pobre poeta,
de aquel jardín sin puertas.

Aquel era el jardín del poeta solitario del Mundo.

EINSAMER GARTEN

Jener aus dem verlassenen Garten
war ein Niemand,
er lebte darin,
von allen Gärtnern verlassen.

Er bedeckte sich mit Pappen ohne Wörter,
all seine Habseligkeiten waren Plastiktüten.

Jener pfiff mit dem Wind,
atmete mit den Blättern.

Jener arme Mensch
badete im verwunschenen See
im Garten der singenden Frösche.

Jener Mann
war ein armer Poet
in diesem Garten ohne Pforten.

Es war der Garten des einsamen Dichters der Welt.

PEZON TEMBLOROSO

Azucena - del cielo bombardiado - escapo
de la ráfaga del poder a bala.

Se exilió en Francia,
no sabía que esé país suntuoso,
era la capital del mundo
pero más rico, potentoso y glamoroso que el suyo.

Sin trabajo, techo ni abrigo.
Valoró y gustó el calor humano,
de su nueva obligada residencia.

Azucena nunca pintó, cantó ni bailó.
Solo participó de asambleas socialistas.

En Paris vende cajas de madera antiguas,
y las pinta de fantasías huidas.

Las cajas preciosas de sorpresas,
guardan los secretos del que las compra.

Azucena canta en las noches,
a sus amores asesinados, perdidos y amados.

Azucena baila los fines de semana,
sin ninguna competencia.
Baila eróticamente para los hombres,
que admiran su belleza,
hombres que pagan,
por sus deseos no consumidos.

Azucena era una bala suelta.
En otro país, de olores, sabores, colores,
diferentes, y confidentes.

Azucena vivió contra la corriente.
Lleva en sus años las cajitas cerradas
de sus mil noches maravillosas,
y sus habilidades que le devolvieron la vida.

ERREGTER BUSEN

Azucena - dein Himmel zerbombt -
floh vor dem Geschützfeuer der Macht.

Sie ging ins Exil nach Frankreich,
ohne zu wissen, dass dies ein kostspieliges Land war,
die Hauptstadt der Welt
reicher, mächtiger und glamoröser als ihres.

Ohne Arbeit, Dach noch Kleidung
schätzte sie die menschliche Wärme
ihres neuen erzwungenen Wohnorts.

Azucena hatte niemals gemalt, gesungen noch getanzt,
sie nahm nur an sozialistischen Versammlungen teil.

In Paris verkauft sie Kästchen aus altem Holz,
die sie mit flüchtigen Phantasien bemalt.

Diese wunderbaren Überraschungskästchen
behüten die Geheimnisse der Käufer.

Azucena singt in den Nächten
für ihre verlorenen ermordeten Lieben.

Azucena tanzt unvergleichlich
an den Wochenenden.

Sie tanzt erotisch für Männer,
die ihre Schönheit bewundern,
Männer, die für ihre
unerfüllte Wünsche bezahlen.

Azucena war eine verirrte Kugel,
in einem anderen Land,
mit fremden und vertrauten
Farben, Gerüchen, Geschmäckern.

Azucena lebte gegen den Strom
trägt mit den Jahren die geschlossenen Kästchen
ihrer tausend herrlichen Nächte
und ihrer Fähigkeiten, die ihr das Leben zurückgaben.

Übersetzung von: Cornelia Seebak

Dagmar Neidigk

(Berlin)

AUGENBLICK

Im Wimpernschlag der Zeit
seh ich meine Stunde kommen.
Zwischen Ebbe und Flut
ankere ich den Lebenssturm
in der Hoffnung Hafen.

Im Wimpernschlag der Zeit
sag ich dem Muss Lebwohl.
Zwischen Lärm und Stille
gebiete ich dem Streben Einhalt
und füge mich dem Wandel.

Im Wimpernschlag der Zeit
wäge ich das Auf und Ab
zwischen Soll und Haben.
Suche Balsam für die Narben
und in der Liebe ein Asyl.

Im Wimpernschlag der Zeit
umschiff ich Klippe um Klippe
in den Strudeln des Lebens.
Mit dem Mut der Erkenntnis
greif ich dem Schicksal ins Rad.

Im Wimpernschlag der Zeit
entbiete ich der Unendlichkeit
einen Gruß – sie wartet,
wohl nicht weit.
Verlier Fuß für Fuß die Lebensspur.
Mein Leben – ein Wimpernschlag
nur...

FLUCHT

Auf der Flucht
vor mir selbst —
sind mir zerbrochen
sieben Spiegel,
sind mir verloren
sieben Flügel,
sind mir
gewachsen
sieben Häute,
bin ich
Schakalen
leichte Beute.

Auf der Flucht
vor mir selbst,
blieb ich
auf halber
Strecke liegen

Auf der Flucht
vor mir selbst,
Götter,
verschont mich
mit Siegen...

170

GERICHT

Im Krieg mit dir selbst –
keine Gnade.
Alle Pfade
führen zur Anklagebank.

Da sitzen sie:
deine besten Jahre, deine Ideale,
deine Visionen und Träume,
deine Taten – alles verraten?

Marionetten an den Ketten
einer Ideologie?
Verteidigen –
Bloß, wie?

Darfst hinter
Wohlstandsgittern
zittern. Welch Ehrung:
Jahre auf Bewährung...

Besser gings dir
eigentlich nie ...
Der Richterspruch -
von selbst ernannten
Göttern.

Andreas Diehl Berlin

HEIMKEHR AUS MOSKAU
russisches Wort
ich spreche mich traurig
zweimal gelebt
ich hab mich verloren.

An Esther

Es wäre
dann
die eine
Liebe
Ahnung
den langen Weg
noch
dein sein
am Ende
einer Liebe

175

DAS LAND ZULETZT

Wo besuche ich dein Grab Mutter
meines Vaters
frühe Angst
wir
glauben und verlier'n
unter meinen Astern
Reif
bleicht deinen Stein
und ich erzähle
knöpf' mirs Futter in
den Mantel
Nichtaltern war Vergeh'n
Trauer
jüngt die Narben
Nach Liebe frag' ich
deutscher Bruder
wie fühlst du dich
allein
was überstehst du
wenn du findest
schweigst du anders
deine Nächte
Leere Fähren setzen über
Land
ich fasse
deine Nähe nicht

MAI 1945

Der letzte
lange Sieg

Jahre wie
Hunderte
wie
Male dem Weg
nun haltlos
Wogen
schlagen
über dich
unfassbar noch
hausen wir
nach dem
Sieg

ICH ÜBERLEBE IN
den stillen Worten
in mir bleibe ich
Anderen
vor Nacht
erwartest du mich
noch immer
und bist mir Tagende
an einem Anfang
ich werde lange nicht wissen wofür.

BALD GEHE ICH ALLEIN
ZUR SIEDLUNG, MUTTER

aus unseren scheuen Händen legst du die Jahre
zu dir und ohne Kuß bis an den Bogen
führst du mich lange noch den Weg hinunter
Warum Liebste war am Morgen zwischen uns das Tor
so hoch und du kamst von ihm
Ich möchte reich sein diesmal
in der Siedlung aber
gebe ich wieder etwas früh Vergangenes
mit dir fort

IN MEINE STILLE WUNDE

soll der Sand nicht weh'n
ich lebe weg von dir
im Fenster verliere ich die Kastanie
und über dem Fluß ihren Schatten

HEL Herbert Laschet-Tousaint   (Berlin)

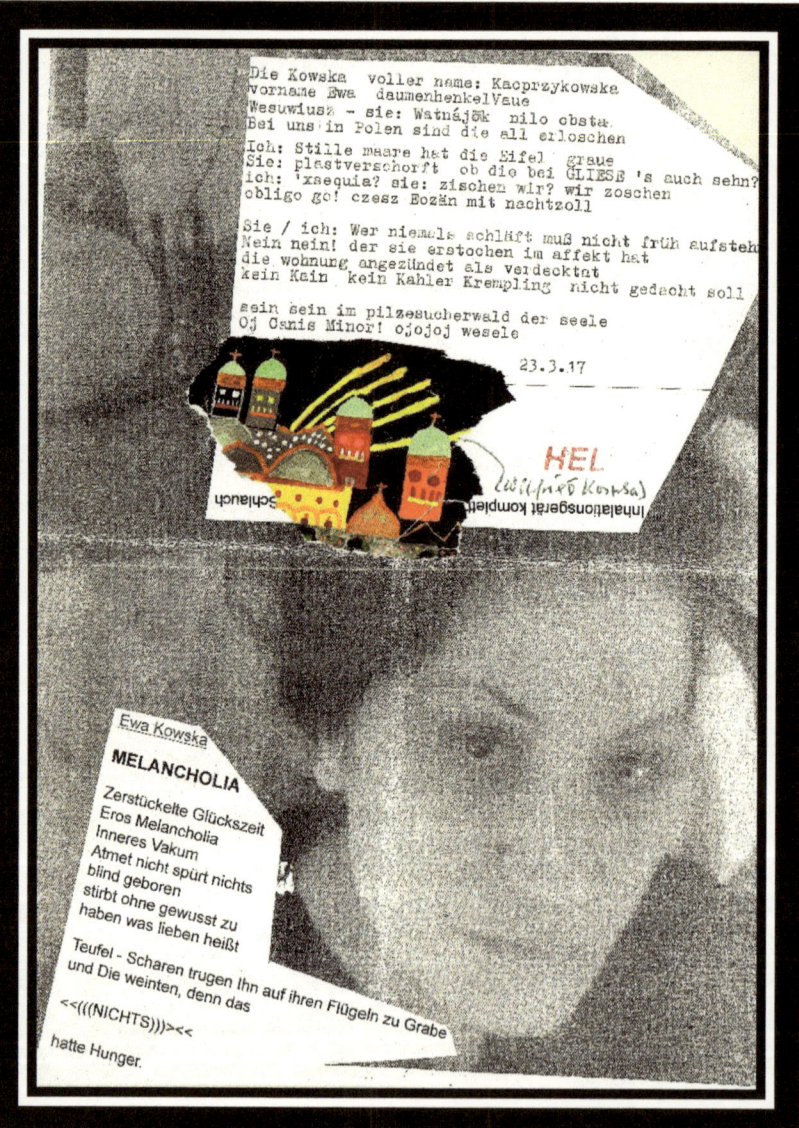

Die Kowska   voller name: Kacprzykowska
vorname Ewa   daumenhenkelVaue
Wesuwiusz - sie: Watnájšk nilo obsta.
Bei uns in Polen sind die all erloschen

Ich: Stille maare hat die Eifel graue
Sie: plastverschorft ob die bei GLIESE 's auch sehn?
Ich: 'xsequia? sie: zischen wir? wir zoschen
obligo go! czesz Eozän mit nachtzoll

Sie / ich: Wer niemals schläft muß nicht früh aufsteh
Nein nein! der sie erstochen im affekt hat
die wohnung angezündet als verdecktat
kein Kain kein Kahler Krempling nicht gedacht soll

sein sein im pilzesucherwald der seele
Oj Canis Minor! ojojoj wesele

23.3.17

HEL
(Wilfried Kowska)

Schlauch

inhalationsgerät komplett

Ewa Kowska

MELANCHOLIA

Zerstückelte Glückszeit
Eros Melancholia
Inneres Vakum
Atmet nicht spürt nichts
blind geboren
stirbt ohne gewusst zu
haben was lieben heißt

Teufel - Scharen trugen Ihn auf ihren Flügeln zu Grabe
und Die weinten, denn das
<<(((NICHTS))))><<
hatte Hunger.

Ich will Dir was verraten
Du klon des zerebraten
    das gründet baikaltief
und niemals sollst Du fragen
Das wird mich dummseits tragen
    Das ist die katz die sich verlief

Ach unser beider reiche
sie ruhn auf einer leiche
    die holen wir nicht heim
Wir sind wie haut und tinte
wie fint und widerfinte
    sind eitel atz und knochenleim

Du konntest mich erschüttern
doch bist nicht von den müttern
    Sie war von anfang an
Der Venus kleinste größte
von aller welt geöste
    liegt zwischen uns Marie im Tann

Ich bin Jerónims escher
im arsch die Monsalvaescher
    Mein herz ist bruder Kain
Dem hund bleibt nichts zu hoffen
Der felsen kam geloffen
    da schlug ich auf die schwester ein

Das herz ist hoch am kören
und soll doch Dirgehören
    Dos Chavele kommt zu
und heiße sie Woglinde
die mich am leben finde
    und geh sie auf aus ost wie Du

                                    15.3.01

            H E L

Sonett

Du wußtest nicht   du scheffelst den gewinn
Jetzt weißt du und du blutest die Verluste
Wo soll der geist mit seinen schulden hin
die 'r sonst im haben zu verbuchen wußte

Und was du weißt es weht dir übern rand
wie sand der silikon wär trüg er mehrwert
Und was du nicht weißt weht dich zu wie sand
der keinen Sandstein schont als seinen kehrwert   ⁷⁄₅

Den jungen grus   die erde drückt ihn alt
Granit steigt auf   verjüngt sich   wird zerrieben
Der wind streut keime auf den regenwald
Was da entsteht steht nirgendwo geschrieben

es ist dahin bevor es noch entstand
Mit licht bezahlt die axt die Schwarze Hand

Nüllerjahve (?

Dank an Karin Feuerstein
für die Biographie
der Annemarie

HEIN UND ANNEMARIE

Auf langen spaziergängen
  lange noch per Sie
  redeten sie
über gott und die welt
(Sie war in England gewesen
  als lehrerin angestellt)
Alle haben 's erkannt:
  sie waren schon immer zusammen-
gespannt und nie
  mehr endete das gespräch
zwischen Heinrich und Annemarie

Die Annemarie aus Böhmen
  7 jahr älter als er
der Hein aus dem hillije Kölle Schwer
  wurden die zeiten
Geboren im erstem krieg
  mußt er ins feld im zweiten
Da half keine tachykardie
  dem Hein und der Annemarie

Lange briefe schrieben sie sich
  er aus Rußland sie aus J-
WD: Ich möch zo Foß ..
Als sie Köln wiedersahn
  weinten sie
Auf einem zimmer hausten sie dann
  nit mal ene Has em Pott --
schmales bett
  rück mer jet Annemie
  rück mer ens jet
Er macht sich auch klein der Hein

Kölle kapott
Nur der Dom stand gut mit gott
  das domkapitel im nazifett
  der dom ein englisches lazarett
Sie mußten englisch-
übersetzungen treten
  sie konnten zusammen beten
  und waren nicht allein
bruder schwägerin und schwa-
ger und Annemarie und der Hein

Muckefuck und bahndammkraut
bretterverschlag und
  ruß auf der haut
Am dudjeschlahne jüdd
Aber die Bölls und die Čechs
hielten zusammen wie pech
  im trümmerpütt
zwei familien und en kleng partie
  der Hein und dat Annemarie

Der Hein half seinem bruder
  in der schreinerei
gab nachhilfestunden in mathe
  nebenbei
zählte wohneinheiten für die statistik
  von wegen belletristik
die schrieb er am küchentisch sie
  korrigierte hausaufgaben
so lebten sie wie zwei Gereonraben
  der Hein und dat Annemarie

Hätte sie ein machtwort gesprochen
  er hätte nen brotberuf ergriffen
  die hungrigen mäuler stopfen
(auch hatte die A schon ein kind)
Er hätte den brassel geschmissen
  „.. verloren ohne meine Frau"
Drum hat er er dann den
  Nobelpreis .. genau:
Heinrich Böll seiner Annemarie

Köln war wiederaufzerstört
  doch Galway hat die gebete erhört
  das wurde beider Irland aus innen
Da fanden beide
  die hütte inmitten der regenheide
Irgendwann unterdessen
  ging das Heinsche gesätz von hinnen
  Berlin hat Bonn gefressen

⊢ Er starb war 's vollendet?
  Ihr blieb der nachlaß
Sie hat nicht viel worte verschwendet
  an die bundesmeute auf nachfaß
Wem mußte man nichts erklären
Wen gäb 's dem worte so
  kostbar wären
Da starb sie auch
  die Annemarie nach gottesbrauch

185

Brigitte Lange (Leipzig)

Frühlingsjapser

Der Flieder kommt,
ich komme auch,
krakeele meine Lust
dem Lenzmann in den Schritt.
Die Vögelei ist außer Rand und Band,
weil der April sich neigt
in geiler Kirschenblüte.

Ach, liebe Liebe,
flieg mit mir
ins Land der wilden Wicken,
laß dich blicken!
Wievieler Tage Abend
müssen noch vergehen?
Seufz!

Al   Dschumeli

Alle Tiger gehen
irgendwann im Schnee
Allah zu retten
für einen schwarzen Augenblick
von tausend Jahren und
wenn der Himmel Bagdads
nachts wie man dort sagt das
müde Haupt der Welt bewacht
dann ruhst auch Du darauf
die Füße auf den Steiß der Erde
den Hindukusch gebettet
Planeten begleiten Deinen Traum
bis an die Stelle wo das All
sich krümmt und man vielleicht
sogar mit Engeln schießt

Für Hanka

(... aus der Ukraine, die die Zwangsarbeit im Nazideutschland überlebt hat.)

Töchterchen,
ich war auf deiner Erde
du warst auf meiner Erde
und nun ist alles gut
Hat sie gesagt

Ein Satz wie von Gott
Ein Satz wie zum Sterben

Dein Leben alte Frau
duftet mir aus der Linde
klingt aus dem Schnee
und schenkt mir
meine Erde neu

Ich sende dir
die letzte Drossel
dieses Sommers
von meinem Himmel
zu deinem Himmel
Mütterchen
und nun ist alles gut

Nach Marias Suizid

Die Toten überführen uns
im Augenblick der Angst
Sie greifen nach den Schalen
unserer Liebe und scheiden sie
vom nackten Kern so dass wir
ungeschützt dem kalten Hauch
zu widerstehen haben

Ne parle pas d`amour[8]

... und sag Schalom
wenns denn schon Asche
sein muß auf Dein Haupt
sonst fährst Du in der dritten Dezimale mit
der Wurzel aus dem Übel
mir Achterbahn
verpaßt noch den Schabbat
Der Kiddusch[9], Jentele,
ist längst gesprochen

Sag einfach Schalom
löse Dein Haar
und wein ein bißchen
Obs nun nun brennt oder fließt
oder klebt ob es ganz oder halb
ob l'amour ob Schalom
oder Asche allein ...

---

[8] Franz.: Sprich nicht von Liebe
[9] Hebr.: Weinsegen zum Schabbat

Annette Kaufhold (Berlin)

Der Gott des Gemetzels

Du denkst bei Artensterben zwar
vielleicht an Dinosaurier
aber dieses Phänomen
ist heute noch ein Hauptproblem

Doch wo schon sehe ich Empörung
über Lebensraumzerstörung
sie schreitet schneller jetzt voran
als noch vor ein- zweihundert Jahren

Und so hat es der Mensch geschafft
indem er alles an sich rafft
viele Tier und Pflanzenarten
konnten nicht auf Schonung warten

Ausgestorben, genetisch tot
und weiter geht's trotz Jagdverbot
trotz Naturschutzreservaten
Studien, Fakten, Listen, Daten

Die Rote Liste, die wird länger
jährlich, täglich, stündlich enger
wer sagt mal „Stop", jetzt hört doch auf
so nimmt das alles seinen Lauf

Wie schon beim Auerochs, dem Ur
man wollte Fell und Fleisch ja nur
dem Elfenbeinspecht ging's ebenso schlecht
dem Beutelwolf auch nichts mehr half
die Stellersche Seekuh verschwand im Nu
der Harlekinfrosch auch bald erlosch
der Flussdelfin ist auch schon hin
 Riesenfingertier starb mangels Revier

Das war eine Auswahl
zu groß wär die Qual
sie alle aufzuzählen
all die toten Seelen

Marko Ferst (Gosen bei Berlin)

Nicht nur in Paris

Wenn Satire berühmt wird
kämpft Mohammed mit Tränen
diabolische Gestalten
auf der Ziellinie schwarzen Ruhms
Regierungschefs demonstrieren
die leere Straße ausgeblendet
trennt man sich vom Volk

Raumgreifende Offerten Frankreichs
belagerten früher vielerorts
Militärflieger unterwegs
in Irak und Syrien
womöglich zuweilen
die Richtigen gebrannt
Geschichte versteckt sich nicht
koloniale Phantomschmerzen
melden sich immer mal wieder
neue Lektionen kommen hinzu
global französische Lichterfarben

Konzerthalle, Restaurant, Café
offenes Einfallstor
ungezügelter Kugelhagel
Sondersendungen überschlagen sich
wie ein Tribut
negativ belichtet
für neue Finsterrekruten
eine Feierstunde
der Schwarzbeflaggten
der Ausnahmezustand ein Sieg

Beim Freundschaftsspiel
Frankreich-Deutschland
zum Glück ein Platzverweis

4-5/2016

Helle Mondnacht:
60. Breitengrad

Gemauerter Balkon
über Ahorn- und Birkenschirmen
jetzt sichtbar
ganz voll, der Mond
zwischen zwei weißen Ziegeltürmen
behauste Quartiere
Drähte von Dach zu Dach
die ihn umgarnen
unter Blätterwogen
tief unten
der Pfad behellt

Hier duftet der Flieder
noch am Julianfang
Kronenspitzen, Blätter
Schattenspiele
an Zimmerwänden
Hände auf Haut
Küsse hinter Gardinen
einzelne Fenster halten vor
das Licht
bis die Nacht
erste Morgenstreifen empfängt

Sankt Petersburg, Juli 2017

Kleine Liebesgeschichte

Zwei orange Falter
kleine schwarze Flügelpunkte
unterwegs am Wiesenrand
verliebten sich
in meine gelben Katzenaugen

Ständig umflattern
oder landen sie
auf diesen Glitzerstücken
zwischen Fahrradspeichen

Wie wollte man da
noch in die Ferne fliehen?

6/2011

Hochstimmung

In die Vollen greifen
noch mal leben
bis zum letzten Atemzug
Abenteuer herausfordern
sich nicht kleinkriegen lassen

Zersplittertes ruhen lassen
Tiefpunkte aussitzen
ziehen lassen
nichts läuft mehr rund
mit angezogener Bremse
im Orbit kreisen
abgetriebenes Gut

Helle Stimmungen
scheinbar auf der Überholspur
Vergangenheit und Zukunft
ausgeblendet
hausen auf einem
Sprengsatz

Amineurin als Spieler
der Stimmen
Schläfer und Phantast
aus der Dosis geboren
und unwägbaren Flüssen
Alles nur noch ein wilder Bauplatz
aus windschiefen Hütten
die Seele wohnt
zwischen Schutthalden
und nistet hinter
unsichtbaren Gefängnisstäben

8/2009 – 2/2010

The Dung   (Vietnam Berlin)

Thói quen / Gewohnheiten

1

Thưa mẹ, đời bộ đội
Quen võng rừng bao la
Về phép con được ngủ
Trên giường êm trong nhà

Liebe Mutter, mein Leben in der Armee:
Ich schlafe in einer Hängematte im Wald.
Wenn ich nach Hause auf Urlaub komme,
Schlafe ich im weichen Bett.

2

Nhà ta bằng lá cọ
Giường tủ đã cũ, sờn
Mẹ khẽ khàng khép cửa
Sợ gió lùa sương đêm

Unser Haus, von der Ventilatorpalme beflügelt-
Schrank und Bett, beide alt-
Meine Mutter schließt leicht diese Tür,
Sorgt sich um Tau und Wind.

3
Nhưng...
Nhờ những cửa sổ
Con gối đầu trời cao
Chúng con quen ăn ngủ
Giữa cỏ cây trăng sao

Wenn ich durch das Fenster schaue, sehe ich Wolken
Wie Kopfkissen in den Höhen des Himmels-
Wir Soldaten schlafen und essen
Im weißen Gras des Mondes und der Sterne.

4
Nhỡ cơn mơ khô khốc
Vì mưa chẳng hắt vào
Lỡ trăng không vô được
Vì cửa kín tường cao

Wenn mein Traum trocknet, ist es, weil der Regen
Nicht in unser Haus läuft
Wenn der Mond nicht hereinkommt,
Ist es, weil Tür und Wand zu fest geschlossen sind.

5
Mẹ ơi, con quen thói
Ăn nằm giữa núi song
Thương, mẹ đừng đóng cửa
Con thích nhìn mênh mông...

Üben von Gewohnheiten
Essen, Schlafen in Bergen und an Flüssen
Mutter, halte die Tür geöffnet,
Ich muss die unermessliche Weite sehen.

**Aus dem Vietnamesischen von The Dung
Charlotte Grasnick und Ulrich Grasnick**

Tết Ta viết ở nước Người /
Das Tet-Fest - In der Fremde

1

Người kia chẳng biết mình đang nhớ
Nước Đức mải vui ngày cuối tuần
Viễn khách lên tầu cùng gió mạnh
Mưa nắng trập trùng trong mắt mong

Man ahnt nicht, was mir jetzt im Kopf vorgeht
Deutschland weilt noch im Wochenende
Als der Reisende an Bord geht, im tobenden Wind!
Im sehnsuchtsvollen Blick nur ein sonnentrunkenes Wolkenmeer.

2

Người kia có biết mình đang hát ?
Thu-Đông-Xuân- Hạ cứ luân hồi...
Đâu Đào ? Đâu Mận ? Đâu hương ngát ?
Ở kìa: khói pháo chiều Ba mươi...

Ahnt man denn, welches Lied ich jetzt singe?
Vom Herbst - Winter - Frühling - Sommer und immer wieder ...
Fragend - Wo sind sie: Pfirsiche? - Pflaumen?
Und wo der duftende Weihrauch?
Und da: Rauchfahnen der Feuerwerks
Am letzten Abend des Jahres ...?

3
Đêm mơ, môi cắn vào môi mãi !
Mưa khuya hoa ướt ngát hương trời
Em điềm nhiên thế mà nước mắt !
Làn môi ngầm ngập dấu yêu ơi...

Im Schlaf beißen die Lippen ineinander!
Den Raum erfüllt Blütenduft nach dem Nachtregen
Deine Gelassenheit wie verscheucht, aber die Tränen!
Und Deine Lippen, voll Sehnsucht nach Liebesspuren ...

4
Người ta cũng biết mình đang Tết ?
Một sắc Đào phai tưởng đã quê ?
Lòng hooifhoojp đón giờ Hà Nội !
Giao thừa Âm lịch buổi Thiên di...

Weiß man's, dass wir jetzt Neujahr feiern?
Der Anblick einer verwelkten Pfirsichblüte - Ist darin Heimat?
Auf den Stundenschlag Ha Noier Zeit wartet voll Aufregung mein
Herz!
Denn es naht jetzt die Mondjahreswende ...

5
Có ai đang biết ta Tết ta ?
Thương con nhớ bạn xót xa nhà...
Cứ nhảy im lìm nhảy cuồng nhiệt
Mồ hôi lấp lánh „ Lam ba đa...!"

Weiß jemand von unserem Tet-Fest?
Mein Herz ist jetzt bei meinem Kind, meinen Freunden, Meinem
Heim ...
Aber tanz´ ruhig weiter, tanz´ mit allem in Dir!
Bis Dir der Schweiß funkelnd ausbricht!

6
Mai ơi !.- Lòng bỗng như hỏa hoạn
Chiều ơi ! – Lệ ngọc bỏng thân ngà
Vũ trụ đương hồi tinh tú loạn !
Cghusa Xuân hừng hực đòi thăng hoa !

O Morgen! - Dein Herz erleidet Brandwunden!
O Abend! - Dein kostbarer Leib wird von edlen Tränen Verbrüht!
Durchlebt das Weltall gerade eine Rebellion der Gestirne?
Der Geist des Frühlings glüht vor Verlangen, nach Sublimation!

7
Hương nhang trừ tịch chừng đang nóng
Hun đúc cốt tủy hồn bôn ba
Người ta cũng biết mình đang Tết ?
Pháo đùng !- Thanh khí bỗng Thanh hoa !

Die Weihrauchstäbchen der Jahreswende brennen noch!
Und stärken das Rückgrat der Seele eines Wanderers
Weiß man's, dass wir jetzt Neujahr feiern?
Es knallen Feuerwerke! - Im Raum, so rein, bilden sich auf einmal Blüten,
so rein!

8
Ai nhắc mà ta toàn máy mắt
Mà ta dào dạt với mây trời
Giời gieo thêm tuổi lên vai Mẹ !
Sữa hồn không cạn Chúa Xuân ơi !

In den Augenlidern zuckt es, wer denkt da an mich ...
Mein Herz öffnet sich, weit bis an die Wolken!
Mutter möge der Himmel noch Jahre schenken!
Der beseelte Milchquell werde nie versiegen,
O Geist des Frühlings!

Aus dem Vietnamesischen von Le Trong Phuong

Ohne Titel

Ich habe die Hälfte meines Lebens
nach Deutschland exportiert
Um mit dem Mond oder der Sonne zusammenzuarbeiten?

**Schweißperlen der Freude
treten regenbogenfarben ans Licht**
Schweißperlen der Trauer alles
Erfassend – den Blick in die Ferne gerichtet...

Aus dem Vietnamesischen von Karin Enzanza

Gửi Francoise C. Sagan / An F.C. Sagan

1

Từ buổi trăng mười sáu
Đã biệt ly ! Biệt ly !
Bây giờ em lại tới
Buồn ơi sao chưa đi ?

Seit dem Tag nach Vollmond...
sind wir getrennt! Getrennt!
Jetzt kommst Du wieder...
Ach, Traurigkeit, warum bist Du noch nicht gegangen?

2

Dễ tới ngày xế bóng
Em vẫn lững thững về ?
Những vòng đời chóng mặt
Kiếp người đầy đam mê !

Vielleicht kommst Du
bis zum Lebensabend gemächlich immer wieder?
Die Wendungen des Schicksals – schwindelerregend
Ein Leben von Sehnsucht erfüllt.

3
Buồn ơi ! –Ta chào mi
Tròng mắt già nẩy lộc !
Bầm dập nhau đủ rồi...
Môi ơi ! Đừng văng tục !

Ach, Traurigkeit. – Ich grüße Dich.
In der alten Pupille wächst eine Knospe.
Wir haben uns schon genug gequält ...
Lippen – werdet nicht vulgär!

4
Buồn ơi sao không đi
Đêm qua đầy đom đóm !
Vỡ giấc mơ thủy tinh
Ai kia cưới quá sớm !

Ach, Traurigkeit, warum gehst Du nicht
Letzte Nacht wimmelte es von Glühwürmchen!
Zerbrochen der gläserne Traum...
Wer heiratete zu früh!

5
Nếu đời toàn là vui
Thơ còn gì đáng nói
Không biết buồn. Thật buồn...
Buồn quá ! Không chịu nổi !

Wenn das Leben vollkommen fröhlich wäre
Was hätten dann Gedichte noch zu sagen!
Nicht traurig sein zu können
Das ist wirklich traurig!
Zu traurig! – nicht auszuhalten!

6
Buồn ơi sao chưa đi
Buồn ơi sao không đi
Buồn ơi đừng quay lại
Buồn ơi !-Ta chào mi !

Ach Traurigkeit, warum bist Du noch nicht gegangen
Ach Traurigkeit, warum gehst Du nicht!
Traurigkeit, komm nicht wieder!
Traurigkeit, ich grüße Dich!

7
Từ buổi trăng mười sáu
Tưởng giã biệt nhau rồi ?
Bây giờ em đứng đó !
Buồn ơi !- Sao chưa đi ?

Seit dem Tag nach Vollmond
Dachte ich, wir wären schon getrennt?
Jetzt stehst Du dort!
Ach, Traurigkeit! Warum bist Du noch nicht gegangen?

8
Nhưng !
Nhưng !
Nhưng...Người ơi
Buồn ...nhưng mà hạnh phúc !
Nếu không nhiều vỡ mộng
U minh đến bao giờ ?
Nếu không nhiều cay đắng
Sẽ suốt đời ngu ngơ ?

Aber!
Aber!
Aber!... Du!
Traurig... und doch glücklich!
Würden nicht viele Träume zerbrechen
Wie lang bliebst Du unwissend:
Gäbe es nicht viel Bitterkeit
Bliebst Du Dein ganzes Leben unerfahren?

Berlin 1990

Aus dem Vietnamesischen von Karin Enzanza

An Mutter

Ich war bereits Tränen
Noch bevor ich die Welt weinend begrüßte
Und dein Leben ist erfüllt von bitteren Tränen
Seit unzähligen fernen Vorleben...

Aus dem Vietnamesischen von Le Trong Phuong

Petra Namyslo (Berlin)

Humboldthain

Heller Septembersonnenschein

leuchtet vergnügt zum Fenster rein.

Uns hält nichts in der Stube, nein -

komm schnell, wir gehn zum Humboldthain!

Im Rosengarten süßer Duft,

die Mücken tanzen in der Luft,

ein Kindchen nach der Mama ruft,

Ärger und Frust sind schnell verpufft.

Ein Eichhörnchen flitzt auf den Baum.

Die Elster schimpft, man glaubt es kaum.

Der Dichter dichtet wie im Traum,

ist ganz entrückt von Zeit und Raum.

Am Bunker Klettermaxe übt,

im Schatten Paul die Paula liebt,

Julia dem Romeo vergibt -

und alle sind ganz heiß verliebt.

Am Grill die Hammelkeule schmort.

Die Jogger treiben tüchtig Sport.

Und nie hört man ein böses Wort -

dies ist ein wundervoller Ort!

Humboldthain (Bosque Humboldt)

Luminoso sol de septiembre
brilla alegremente en la ventana.
Nada nos detiene en la habitación, no...
Vamos, vamos al Humboldthain!

Dulce olor en el jardín de rosas,
los mosquitos bailan en el aire,
un bebé reclama a su mamá
y las frustraciones se esfuman rápidamente.

Una ardilla corretea en la copa del árbol
La urraca vocifera y apenas lo crees.
El poeta escribe con espíritu soñador,
completamente apartado del tiempo y espacio.

En el búnker practican los escaladores,
a la sombra, Paul besa a Paula,
perdón, Julieta a Romeo,
todos muy enamorados.

En la parrilla la pierna de carnero.
Los corredores hacen deporte
y no escuchas una mala palabra...
Éste es un lugar maravilloso.

Kassandra

Warst die edelste Frau, ganz Hellas pries dich, Kassandra.
Königstochter warst du, Trojas und Priamos' Glanz.
Hast das Kriegshandwerk früh erlernt von Penthesilea.
Und im Tempel, wie süß sangst du Athene dein Lob.

Du wärst schön, sagten sie, ebenso wie Aphrodite,
Und Apollon, der Gott, hat sich unsterblich verliebt.
So empfingst du von ihm die Gabe, selten und kostbar,
In die Zukunft zu sehn, was kaum ein Auge vermag.

Oh, so stolz war dein Sinn, vergeblich war seine Werbung,
tief gekränkt war Apoll, spuckte dir gar in den Mund.
Ach, so furchtbar sein Fluch, du solltest zwar Seherin bleiben,
Doch es wurde fortan nie deinem Wort mehr geglaubt.

Und du hast sie gewarnt, doch wollten sie es nicht hören,
weshalb Troja versank in einem grausamen Krieg.
Nach Mykene kamst du und dientest ihnen als Sklavin.
Dort erdolchten sie dich, denn du hast zu viel gewusst.

Oh, Kassandra, ich wollt, die Menschen würden dir glauben,
Lernten und würden klug, ächteten künftig den Krieg,
Wären hilfreich und gut, und endlich, endlich vernünftig.
Dann, Kassandra, ja dann wär nicht vergebens dein Ruf.

Casandra

Como la mujer más noble, todo Grecia te elogió, Casandra.
Hija del rey, esplendor de Troya y Príamo.
Aprendí el oficio de las armas de Penthesilea.
Y en el templo, cuán dulcemente alababas a Atenea.

Decían que eras hermosa, como Afrodita,
y Apolo, el dios, se enamoró locamente.
Recibiste de él un regalo, raro y precioso:
ver en el futuro lo que ningún ojo puede.

Oh, tan orgullosa, en vano fue su cortejo.
Profundamente despechado, él te escupió en la boca.
¡Oh!, una terrible maldición: serías vidente,
pero nadie te creería jamás.

La gente no quiso escuchar tu advertencia
y Troya se hundió en una guerra horrible.
Viniste a Micenas y los serviste como esclava.
Allí te apuñalaron, porque sabías demasiado.

¡Oh, Casandra! Ojalá te hubiesen creído,
hubiesen aprendido, serían finalmente razonables
y la gente proscribiría la guerra.
Entonces, Casandra, tu advertencia no habría sido en vano.

Vom Unmöglichen

Unmögliches braucht etwas Zeit,
besiegt ist, wer nicht träumen kann,
die Hand nicht regt, zum Tun bereit,
sprach El Pepe, der weise Mann.

Es herrschten große Dynastien
in Städten voller Glanz und Pracht,
doch mussten sie von dannen ziehn,
ihr Reich versank in dunkler Nacht.

Es blieben Masken aus Türkis,
Ruinen, manches Scherbenstück,
das viele Rätsel offen ließ,
im Dschungelparadies zurück.

Die Seelen all der vielen, die
die Reiche schufen voller Pracht,
ganz unten in der Hierarchie,
sind nicht versunken in der Nacht.

Die wirkten lange Zeit zuvor,
die flüstern mit dem Abendwind
den Kindern ihren Traum ins Ohr,
und so verrinnt die Zeit geschwind.

De lo imposible

Lo imposible cuesta un poco más,
derrotado quién no puede soñar,
quién no se mueve la mano.
Así dijo El Pepe, el hombre sabio.

Hubo grandes dinastías
en ciudades de esplendor,
pero tuvieron que irse,
y sus reinos se hundieron.

En el verde de la jungla
hay máscaras de turquesas,
hay ruinas y pedazos
y acertijos abiertos.

Pero las almas de los muchos
inferior en las jerarquías,
que crearon este esplendor,
no se perdieron en la noche.

Los que se movieron las manos
susurran sueños a los niños
con la brisa de la tarde,
y lo cuesta solo un poquito más.

Übersetzung: P. Namyslo; Nachdichtung María Gutiérrez (Puri)

Gerd Meyer-Anaya   (Düsseldorf/ Lima)

apurimac

der ein großer wird
fängt bescheiden spielend
in großer höhe an
schenkt einer provinz
seinen namen
in der sprache des volkes
heißt er
der herr spricht

schon nach kurzer strecke
gewinnt er kraft und fahrt
zerteilt gestein
gräbt schluchten
in den fels
so wie er's braucht
es seinen zwecken dient

reißt mit sich
was nicht stark genug
zu trotzen

geröll kadaver
manche autos
die ihr ziel nicht fanden
samt leichen
die den tod
noch nicht gesucht

haciendas dann und wann
die arbeit und erträge bieten
dem der sich plagt
und hütten
die dem überleben dienen
mit menschen
die den boden und
der not gehorchend
ihren rücken beugen

es kommt noch mehr
von links und rechts
und auch vom himmel
lässt strom und strömung
stärker werden

kämpft sich im tiefland
durch die erde
baut sich ein bett
das breit und tief genug
für das was nunmehr
langsam dunkel fließt
mäandert hier und da
und sucht sich
neue wege nach bedarf

er jetzt
nach jenen frauen benannt
die ihre brüste
von sich trennten
um pfeil und bogen
besser zu beherrschen
schenkt nun der großen weite
seinen namen

Robert Klamann

Kontakt

So nah
nur eines Atems Weg
von dir
dein Haar zu ordnen
und doch
vergab ich mir
den Mut
dich flüchtig
zu berühren

zu viel

wie quält das Licht
die Sinne
und teilt nichts

mit spitzer Feder
den Rachen
zu kehren bleibt

aus letzter Kraft
die Stimme
nun einzig Trost

spendend dem Rest
im Grunde
sich zu versenken.

Biographische Daten

Sagrario Núñez Molina, nace en Blanca, Murcia, (España, 1940). Es escritora; autora devarios libros, entre otros: Cuentos para Murcia, (2004) Cuentos en la Plazuela, (2008) Si no hay amor hay olvido,(2009) El valle de Ricote, Visiones e impresiones literarias, (2011) La casa del Bacanal, (2012) Ellas, sus novios, los casados y los otros, (2013) Poemas del metro.(2014). Fundadora de Novoditex SL; empresa dedicada a vestuario y artículos de iluminación y efectos especiales, para cine, teatro, series de TV y fotografía. Ha dirigido teatro y escrito guiones cinematográficos. Vive en Madrid.   E-mail: matarinasa @yahoo.es

Sagrario Núñez Molina ist in Murcia (Spanien, 1940) geboren. Sie ist Schriftstellerin; Autorin von mehreren Büchern, unter anderem: „Märchen für Murcia" (2004), „Märchen in der Plazuela" (2008), „Ohne Liebe gibt es Vergessen" (2009), „Das Tal von Ricote, literarische Visionen und Eindrücke" (2011), „Das Haus von Bacanal"(2012), „Sie, ihre Verlobten, die Verheirateten und die anderen" (2013), „U-Bahn-Gedichte" (2014). Gründerin von Novoditex SL - ein Unternehmen für Beleuchtungsmittel und Spezialeffekte für Kino, Theater, Fernsehen und Fotografie. Sie hat Regie bei Theateraufführungen geführt und Drehbücher geschrieben. Sie lebt in Madrid.

Salomé Ortega nació en Campo Cámara (Granada). Aunque se trasladó a Madrid siendo niña. Ha publicado poesía y narrativa. Entre sus libros podemos destacarLos siete velos, Granada abriéndose, titulado por su gran amigo que fue Luís Rosales, la Novela Déjame ser tu derrotada estrella. DeLa sabia insinuación de las cosas Luis Landero dijo que "es una verdadera fiesta para los sentidos" y Miguel Delibes declaró "es una obra llena de expresividad". Premiada en el prestigioso Certamen Internacional Encarna León de la Ciudad de Melilla por su libro La alfombra de la palmera y la media luna, "una protesta bella y terrible", como dice José Antonio Marina. Perdí las estrellas, "es uno de los libros más bellos que se han escrito"escribe Antonio Colinas. El frio que me vela" es un hermosísimo libro subrayó Luis García Montero. El silencio de la luz es la última obra de Salomé Ortega de la Luis Eduardo Aute señala, "son poemas desnudos, limpios, casi transparentes. Nada sobra, nada falta, todo es esencial. Pertenece a la"federación de turismo española de periodistas y escritores" y a la real academia iberoamericana de escritores y periodistas".

Salomé Ortega kam in Campo Cámara (Granada) auf die Welt. Obwohl sie bereits als Kind nach Madrid zog. Sie hat sowohl Lyrik als auch Prosa (Erzählungen) veröffentlicht. Unter ihren Bücher heben wir folgende hervor: „Die sieben Schleier, Granada öffnet sich", unter Mitarbeit von ihrem wichtigen Freund Luís Rosales, die Novelle „Lass mich dein geschlagener Stern sein". „ Über die weise Ahnung der Dinge"; Luis Landero sagte, dass dieses Werk "ein wirkliches Fest für die Sinne" wäre und Miguel Delibes betonte: „es ist ein Werk erfüllt von Ausdruckskraft". Sie gewann den renommierten internationalen Literaturpreis „Encarna León" von der Stadt Melilla mit ihrem Buch „Der Palmenteppich und der Halbmond" – ein wunderschöner und schrecklicher Protest, wie José Antonio Marina sagte. „Ich verlor die Sterne" ist eines der schönsten Bücher, die jemals geschrieben wurden, schrieb Antonio Colinas. „Die Kälte, die mich umgibt" ist ein wunderbares Buch, unterstrich Luis García Montero. „Die Stille des Lichts" ist das letzte Werk von Salomé Ortega, von dem Luis Eduardo Aute sagt, „es sind nackte Gedichte, schlicht, fast durchsichtig. Nichts ist überflüssig, nichts fehlt, alles ist wesentlich". Sie gehört dem spanischen Verband für Schriftsteller und Journalisten sowie der Königlichen Iberoamerikanischen Akademie für Schriftsteller und Journalisten an.

ANTONIO MACHADO SANZ. Nacido en Madrid en el año 1944. Jubilado.Empleado, Director de Banco y miembro del Club de Dirigentes de Marketing CURSOS Y TALLERES: En UPDEA (Universidad Popular de la Tercera Edad), seguió los siguientes cursos y talleres: Desde el año 2001, Talleres de Pintura, de Radio, de Escritura creativa, de Poesía Medieval y Poesía. En la Residencia de Estudiantes: En el año 2008 un taller con el Poeta y Maestro D.Tomás Segovia. En el 2011 con el poeta y novelista brasileño Ledo Ivo. PUBLICACIONES: Poemas en la Revista Encuentros, del Grupo Cultural de ese nombre en Tres Cantos, y en sus libros anuales "Momentos de Luz" y "El espejo de papel". EDITANET, publicación trimestral en internet de mi apartado "El rincón del Gato", cuentos, leyendas y costumbres sobre Madrid. En ATEI (Asociación de las Televisiones Educativas Iberoamericanas) Con la Editorial Vitruvio, publiqué en 2013, "Estación de Regreso" y este año el libro "Un cuaderno, un lapicero y un pato de madera" Con la Editorial Manuscritos, en 2016 con los poetas Marcio Cantunda y Rosario de la Cueva el libro "Sonata a tres cuerdas". Colaboraciones en Lorquiana 1 y 2 "El abrazo del Nogal de Daimuz" Colaboración en " Dulcinea lebt, Herr Quijote" " Dulcinea ama a Don Quijote" para la XXI Cita de la Poesía 2017 en Berlín 30/5 a 4/6 2017

Antonio Machado Sanz, geboren in Madrid im Jahr 1944, Rentner. Angestellter, Bankdirektor und Mitglied des Clubs von Führungspersonen und Marketing. Kurse und Workshops an der Universität für Senioren –Seit 2001: Workshops für Malerei, Radio, kreatives Schreiben, mittelalterliche Poesie. Im Jahre 2008 Workshop mit dem Dichter D. Tomás Segovia. 2011 mit dem brasilianischen Dichter und Novellisten Ledo Ivo. Veröffentlichungen: Gedichte in der Zeitschrift „Encuentros" vom Kulturverbund gleichnamigen Namens sowie Gedichte in den Jahrbüchern „Momentos de luz" und „El espejo de papel". Veröffentlichungen im 3-Monats-Rhythmus auf meiner Internet-Seite „Die Katzen-Ecke", Märchen, Legenden und Gewohnheiten aus Madrid. Im ATEI (Verband des Iberoamerikanischen Bildungs-Fernsehens). Mit dem Verlag „Vitruvio" veröffentlichte ich 2013 „Estación de Regreso" und im selbigen Jahr das Buch „Ein Heft, ein Bleistift und eine Holzente". Mit dem Verlag „Manuscritos" veröffentlichte ich 2016, gemeinsam mit den Dichtern Marcio Cantunda und Rosario de la Cueva, das Buch „Sonata a tres cuerdas".Kooperationen in „Lorquiana 1 y 2" „El abrazo del Nogal de Daimuz". Mitwirkung in „Dulcinea lebt, Herr Quijote", „Dulcinea ama a Don Quijote" für die „XXI Cita de la poesía in Berlin" vom 3.5. bis 4.6.2017.

María Jesús Velasco de Blas. (España, Madrid 1953) Jubilada. Colaboró con sus escritos en el Proyecto Europeo TOWNSTORIES (2004-2005) (Berlín, Ulm, Roma, Macomer (Cerdeña), Praga y Madrid. Cursos de Relato breve, Escritura creativa, Página en blanco y Novela (2004/2017) en UPDEA (Universidad Popular de la Edad Adulta) en Madrid.Ha publicado la novela "Cuerdas y Tacones" (Editorial La Rosa negra) (Madrid) 2017.

María Jesús Velasco de Blas. (Spanien, Madrid 1953). Rentnerin. Sie wirkte mit ihren Texten im Rahmen des europäischen Projektes „Townstories" mit (2004-2005) (Berlin, Ulm, Rom, Macomer – Sardinien, Prag und Madrid). Teilnahme am Kurs für Kurzgeschichten, Kreatives Schreiben, „das leere Papier" und Novelle (2004/2007) an der Volks-Universität f ür das reifere Alter in Madrid. Sie hat die Novelle mit dem Titel „Cuerdasy Tacones" („Schnüre und Schuhabsätze") veröffentlicht (Verlag „La Rosa negra, Madrid 2017).

María Pilar Cavero Montori (Huesca, España). Catedrática, historiadora, escritora y poeta. Ha publicado los poemarios: Brisas y briznas; Pétalos de plata; Policromía; Se nos fue con sus rosas; Miradas; y la Novela Testimonial, Orosia; su obra y pensamiento aparecen también en revistas, periódicos y antologías.

María Pilar Cavero Montori (Huesca, Spanien). Akedemikerin, Geschichtswissenschaftlerin, Schriftstellerin und Poetin. Sie hat folgende Werke veröffentlicht: „Brisas y briznas" („Brisen und Grashalme"); „Pétalos de plata" („Blütenblätter aus Silber"); „Policromía"; „Se nos fue con sus rosas" („Er ging von uns mit seinen Rosen"); Miradas" („Blicke"); und die Augenzeugen-Novelle, Orosia; ihre Werke sowie ihre Gedanken sind zudem auch in Zeitschriften, Zeitungen und Anthologien nachzulesen.

Andoni K. Ros Soler
171204-Akrs: Castros de Iberia. XXII-CPB, "Lo que el alma nos dice" (Berlín, Mayo-2018). para "XXII Cita de la Poesía" (Berlín-Canarias-Madrid, 27/05/2018) Por una Comisión de la Verdad, Justicia y reparación de las víctimas del franquismo en España, y en memoria de los desaparecidos en el Estrecho de Gibraltar, lecho del Mediterráneo para quienes siguen intentando abrir nuevas primaveras, para la 'XXII Cita de la Poesía Berlín-Canarias-Madrid'.Berlín, 27 de mayo de 2018. **Andoni K. Ros** (Castilla La Mancha -España, 1950), Secretario de la Asociación de Ex-presos y Represaliados Políticos Antifranquistas (AERPA): alrosoler@hotmail.com

Andoni K. Ros Soler, für 171204-Akrs: Castros de Iberia.XXII-CPB, "Lo que el alma nos dice" (Berlín, Mayo-2018).
die "XXII Cita de la Poesía" (Berlín-Canarias-Madrid, 27/05/2018)
 Für die Errichtung einer Kommission der Wahrheit, Gerechtigkeit und Wiedergutmachung der Opfer der Franco-Diktatur in Spanien und in Gedächtnis an die Verschollenen in der Straße von Gibraltar,

Wiege des Mittelmeeres für jene, die weiterhin versuchen, einen neuen Frühling zu erschaffen, für die XXII Cita de la Poesía Berlin-Canarias-Madrid. Berlin, 27. Mai 2018. Andoni K. Ros (Castilla La Mancha-Spanien, 1950), Sekretär der Vereinigung ehemaliger Häftlinge und anti-Franco-Politiker, die Opfer von Unterdrückung geworden sind (AERPA): alrosoler@hotmail.com

Álex Murillo (Barcelona, 1976) suma a su vocación científica una pasión impetuosa por las Letras. En el primer ámbito, como ingeniero de telecomunicaciones, cuenta con un currículo de publicaciones, patentes y eventos de divulgación. En su faceta literaria, ha logrado diversos premios por sus narraciones breves (Artejoven Latina y Coslada, entre los más prestigiosos) y ha actuado como jurado de certámenes en repetidas ocasiones. «Aberraciones selectas», una primera recopilación de sus trabajos más lúcidos, fue premiada como la mejor colección de relatos en la Feria de Madrid 2017 (Escriduende).

Alex Murillo (Barcelona, 1976) verspürt neben seiner wissenschaftlichen Leidenschaft eine heftige Passion für Schriftstellerei. Auf der einen Seite kann er als Ingenieur fürTelekommunikation auf eine Unmenge an Veröffentlichungen, Patenten und entsprechenden Informationsveranstaltungen verweisen. Hinsichtlich seiner literarischen Arbeit hat er verschiedene Preise für seine Kurzerzählungen gewonnen (z.b. der Preis „Artejoven Latina y Coslada", als eines der Preise mit größerem Prestige) und war mehrmals Jurymitglied bei Literaturwettbewerben.

Luís Ángel Marín Ibáñez, nacido en Zaragoza en 1952, Licenciado en Filosofia y Letras. Poeta muy original, al fundir la razón, el delirio y el ensueño en el poema, haciendo del instante y la imagen el epicentro del poema, en un soñar y no soñar a la vez...en una lucha entre el Ser y el No Ser. Tiene 13 poemarios publicados. Entre otros premios ha sido ganador del Premio "Platero" de la Organización de Naciones Unidas, Premio   Instituto Cultural Latinoamericano de Argentina, Premio La Porte des Poétes de Paris, Premio Centro de Escritores Nacionales de Argentina, Lating Heritage Foundation de EE.UU., Certamen de poesía en castellano Tamariu, Premio Certamen Internacional de Poesía Lincoln-Marti de Miami, (Estados Unidos), finalista en Premio de la ciudad de Segovia y Villa de Madrid...etc. Académico de La Academia Norteamericana de Literatura Moderna. Su obra ha sido traducida al inglés, francés, italiano, rumano, portugués y chino. Integrante en varias antologías poéticas de la lengua española.

Luis Ángel Marín Ibáñez: geboren 1952 geboren in Zaragoza, Hochschulabschluss in Philosophie und Literatur. Sehr origineller Dichter, er bringt Vernunft, Delirium und Traum ins Gedicht ein, indem er aus dem Augenblick und dem Bild das Epizentrum desselben formt, Traum und Nicht-Traum auf einmal ... in einem Kampf zwischen Sein und Nicht-Sein. Dreizehn Gedichtbände hat er veröffentlicht. Unter anderem hat er den Preis „Platero" der Vereinten Nationen gewonnen, den Preis des Lateinamerikanischen Kultur-Instituts in Argentinien, den Preis „La Porte des Poétes", Paris, einen Preis des Zentrums der Nationalen Schriftsteller Argentiniens, und des Internationalen Poesiewettbewerbs Lincoln-

Martí in Miami (USA), Teilnehmer der Endrunde beim Preis der Städte Segovia und Madrid. Er gehört der Nordamerikanischen Akademie für Moderne Literatur an. Seine Gedichte wurden ins Englische, Französiche, Italienische, Rumänische, Portugiesische und Chinesische übersetzt. Sie finden sich auch in mehreren Gedichtanthologien der spanischen Sprache.

Lucía Rosa González nace en La Palma, Canarias, en 1954. Estudia Magisterio en la Laguna y más tarde continúa Filología Hispánica. En 1991, la obra *Mujeres dominantes, hombres obedientes* obtiene el Primer Premio de Teatro «Santa Cruz de La Palma» y *Tres mujeres y una historia* es Mención Especial, en 1992, en el citado certamen. En poesía ha publicado los libros *Casta de rosas ausentes* (Caja Canarias, Santa Cruz de Tenerife, 1995), Premio de Poesía «Pedro García Cabrera» en 1994, *De dónde el vuelo* (Ediciones La Palma, Madrid, 1998), *Sueños de qué mundo* (Ediciones La Palma, Madrid, 2003), finalista del Premio Internacional de Poesía de S/C de La Palma en 2000, y *Páginas trasladadas* (Ediciones Idea, Santa Cruz de Tenerife, 2011). En teatro, *Otro son, otra danza* (Centro de la Cultura Popular Canaria, Santa Cruz de Tenerife, 2001), que incluye la obra *Auténticos bohemios*. Además, el libro de teatro infantil *Adónde van las brujas* (Editorial Interseven, Santa cruz de Tenerife, 2008). Y en narrativa, los libros infantiles *Donde el volcán nace* (Editorial Interseven, 2005 y 2008), *La niña de pimienta seca* (Editorial Interseven, 2007; Ediciones Maresía, 2010) y *Javier es una estrella* (Editorial Interseven, 2007 y 2008). Además de revistas y publicaciones electrónicas, ha participado, entre otras, en las antologías de poesía *Treinta poéticas* (Lord Byron Ediciones, Lima, 2008); *en Autores de La Palma,* (Cuadernos La Gueldera, Las Palmas de Gran Canaria, 2016); en la antología bilingüe, rumano española, *El barco de papel: 12 poetas de Canarias* (Bibliotecii Nationale a României, Iasi, 2016). Ha dirigido la revista literaria «Pequeños Poetas» y los grupos de teatro «El Roque» y «Ana María Samblás», además de participar en varias ocasiones en actividades de animación a la lectura en numerosos Centros de Enseñanza de Canarias como integrante del Proyecto «Leer Canarias» o en Encuentros de Autores.

Lucía Rosa González wurde 1954 auf La Palma, Kanarische Inseln, geboren. Sie studierte Lehramt und später spanische Sprache und Literatur. 1991 bekommt das Werk „Dominante Frauen, gehorsame Männer" den Ersten Theaterpreis „Santa Cruz de la Palma". „Drei Frauen und eine Geschichte" fand eine besondere Erwähnung 1992 bei einem Wettbewerb. Folgende Gedichtbände hat sie veröffentlicht: „Casta de rosas ausentes (Sparkasse der Kanaren, Santa Cruz de Tenerife 1995)Preis „Pedro García Cabrera" 1994, „De dónde el vuelo" (Ediciones La Palma, Madrid 1998. Sie veröffentlichte auch Kinderbücher und nahm mehrmals an Aktivitäten in Schulen der Kanarischen Inseln zur Förderung des Lesens teil im Rahmen des Projektes „Die Kanaren lesen" oder bei Autorenbegegnungen.

Antonio Arroyo Silva. Nacido en Santa Cruz de La Palma en 1957, es Licenciado en Filología Hispánica por la Universidad de la Laguna. Ha sido colaborador de revistas como *Artymaña, La Menstrua Alba* (de Canarias), *Zurgai* (de Bilbao), *La palabra y el Hombre* (Veracruz, México) y de medios digitales como la revista de la Sociedad de Escritores de Chile, *Cinosargo, Neotraba*, en la prensa local, sobre todo en *Diario de Avisos*. Ha publicado libros de poemas: *Las metamorfosis* (1991, Edición del Cabildo de La Palma, en cuaderno *Azul*), *Esquina Paradise* (El Vigía Editora, 2008), *Caballo de la luz* (El Vigía Editora, 2010), *Symphonia (*Idea, 2012), *No dejes que el arquero (Col. Instante Estante, Brasil, 2012), Sísifo Sol* (NACE, 2013), *Subirse a la luz. Antología esencial 1982.2014, (español-rumano)*, col BU, OHC, Rumanía 2014, *Poética de Esther Hughes. Primera aurora (NACE 2015)*, *Mis íntimas enemistades (NACE 2016)* y *Ardentía (Mercurio, 2017)*. Las plaquettes *Material de nube* (Barcelona,2012) y *Un paseo bajo los flamboyanes* (2012). En ensayo, *La palabra devagar* (Idea-Aguere 2012). Ha participado en la antología de prosa poética *Pincelada de relatos*, en Barcelona editada por el grupo Órbita Literaria, *Un libro por Haití*, editado por Teresa Delgado, en la *Antología de Miguel Hernández*, con motivo de la celebración del centenario del poeta Miguel Hernández, *El grupo de La Palma*, 2011. *Álbum de Poesía. Mundial 2014* (Brasil), *Galaxias*, NACE 2013, entre otras. Ha participado en el Festival Internacional de Poesía Encuentro 3 Orillas (Tenerife 2009), en el Homenaje de Poetas del Mundo a Miguel Hernández (junio de 2010) y en un encuentro de escritores alemanes e hispanohablantes en Berlín, "XX Cita en Berlín 2016". Es miembro de REMES (Red de escritores Mundiales en Español) y de la Nueva Asociación Canaria para la Edición (NACE).

Antonio Arroyo Silva wurde 1957 in Santa Cruz de la Palma geboren. Er schloss das Studium der Spanischen Sprache und Literatur an der Univerität von La Laguna ab und arbeitete an Zeitschriften mit auf den Kanarischen Inseln und in Bilbao und Vera Cruz (Mexiko). Er schrieb auch für die digitale Zeitschrift der Gesellschaft der Schriftsteller Chiles und für die lokale Presse. Er hat mehrere Gedichtbände veröffentlicht und ist in Anthologien vertreten. Am Internacionaleln Festival der Dichtung nahm er 2009 in Teneriffa teil, auch an der Ehrung für Miguel Hernández im Juni 2010 und an einem Treffen deutschen und spanischsprachiger Schritsteller in Berlin 1916 (XX. Dichterbegegnung Berlin- Spanien – Lateinamerika). Er ist Mitglied des Netzes der Schriftsteller der Welt (Spanisch) und gehört der Neuen Kanarischen Gesellschaft zur Buchedition (NACE) an.

AQUILES GARCÍA BRITO (Las Palmas de Gran Canaria, 1959). En narrativa, sus cuentos han sido incluidos en ocho antologías de diferentes editoriales. En poesía ha publicado: *La voz mirada* (2011) *Otro uno, reparto y localizaciones* (2014) *El corazón en la esquina* (2014) *El vendedor de caracolas*, antología bilingüe español rumano en la Biblioteca Universal de la Universidad de Bucarets (2015) *Isla y vuelta* (2016) *Puerta de embarque* (2017).Incluido en la publicación brasileña *Brasil 2014 – Álbum de poesía* y en *Antología rumano canaria*, de la Universidad de Bucarest, en 2016. Ha publicado poesía, cuentos y crítica literaria en las revistas Orizont Literar Contemporan, de Rumanía, Isla Negra de Italia, Cultura Colectiva, de Méjico, Arte y Cultura, El Diario de Avisos, El Diario.es., y la revista ACL de la Academia Canaria de la Lengua, de España. Publica en su blog *La voz mirada*: http://aquilesgarciabrito.wordpress.com/ Cofundador y expresidente de la Nueva Asociación Canaria para la Edición (NACE).

Aquiles García Brito wurde 1959 in Las Palmas/Gran Canaria geboren. Erzählungen von ihm sind in acht Anthologien verschiedener Verlage erschienen.

Folgende Gedichtbände sind von ihm erschienen: *La voz mirada* (2011) *Otro uno,*
reparto y localizaciones (2014) *El corazón en la esquina* (2014) *El vendedor de*
caracolas (Anthologie in spanischer und rumänischer Sprache in der Universal-
Bibliothek Bukarest 2015 *Isla y vuelta* (2016) *Puerta de embarque* (2017) Gedichte
erschienen auch in der *rumänisch-kanarischen Anthologie* der Univerität Bukarest
2016 und in *Brazil* 2014 – *Album der Dichtung* Er hat Gedichte, Erzählungen und
Literaturkritik in den Zeitschriften *Orizont Literar Comtemporan* in Rumänien, *Isla*
Negra in Italien, *Cultura Colectiva* in Mexiko, *Arte y Cultura, El Diario.es*
veröffentlicht und in der spanischen Zeitschrift ACL der Kanarischen Akademie
(Sprache und Literatur). Er veröffentlicht in seinem Blog *La voz mirada*
http://aquilesgarciabrito.wordpress.com/ und er ist Mitbegründer und ehemaliger
Vorsitzender der Neuen Gesellschaft für Edition (NACE).

María Teresa de Vega nació en La Laguna, en cuya universidad se licenció en
Filología Románica. A su formación, también contribuyeron unos años cursados en
la Escuela de Bellas Artes y las muchas lecturas Ha sido profesora de Lengua
Española y Literatura en centros de enseñanza de Tenerife y Madrid. Su vocación
por la literatura y sus primeras publicaciones son algo tardías, si bien tiene
publicados cuatro poemarios, Perdonen que hoy no esté jovial (2001), Cerca de lo
lejano (2006), Mar cifrado (2009), y Necesidad de Orfeo (2015); dos libros de relatos,
Perdidos en las redes (2000) y Sociedad sapiens (2005), y tres novelas, Niebla solar
(2009), Merodeadores de orilla (2012) y Divisa de las hojas (2014).

María Teresa de Vega, geboren in La Laguna, an deren Universität sie
Romanische Filologie studierte. Zu ihrer Ausbildung gehören auch einige Jahre an
der Hochschule für schöne Künste und viele Lesungen Sie war Lehrerin für
spanische Sprache und Kultur in Bildungszentren von Teneriffa und Madrid. Ihre
Hinwendung zur Literatur und erste Veröffentlichungen erfolgen relativ spät,
obwohl sie inzwischen bereits vier Gedichtsammlungen veröffentlicht hat. *Perdonen*
que hoy no esté jovial (2001), Cerca de lo lejano (2006), Mar cifrado (2009), y
Necesidad de Orfeo (2015); zwei Erzählbände, Perdidos en las redes (2000) y Sociedad
sapiens (2005), und drei Romane, Niebla solar (2009), Merodeadores de orilla (2012) y
Divisa de las hojas (2014).

Fabio CARREIRO LAGO (Vigo 1986) Vive en Tenerife (Canarias) desde
2002.Licenciado en Derecho y Graduado en Historia. Máster en Uso y Gestión del
Patrimonio Cultural y en Profesorado de Secundaria y Bachillerato. Doctorando del
Departamento de Geografía e Historia en la Universidad de La Laguna con una tesis
sobre Prehistoria de Canarias. Ha publicado un libro de investigación en
arqueología, varios capítulos de libros y artículos. En el ámbito de la literatura ha
publicado una novela: El Jardín de los Púnicos (Idea, 2014), un libro de relatos:
Siempre el vacío (Idea, 2016) y dos poemarios: Aislamientos (UNO, 2016) y
Arqueología Experimental (Algani, 2017). Además ha participado en varias obras.

Fabio CARREIRO LAGO (geb. in Vigo 1986) Wohnt seit 2002 in Teneriffa
(Kanaren). Studierte Recht und ist Absolvent für Geschichte. Master für Nutzung
und Management des kulturellen Erbes und Sekundarstufenlehrer. Doktorand der

Sektion Geografie und Geschichte an der Universität La Laguna mit einem Thema zur Frühgeschichte der Kanaren. Er hat ein Buch zu archäologischen Untersuchungen sowie mehrere Buchkapitel und Artikel veröffentlicht. Im Bereich Literatur hat er einen Roman veröffentlicht: El Jardín de los Púnicos (Idea, 2014), einen Erzählband: Siempre el vacío (Idea, 2016) und zwei Gedichtbände: Aislamientos (UNO, 2016) und Arqueología Experimental (Algani, 2017). Außerdem hat er an mehreren Werken mitgewirkt.

Aida González Rossi (Santa Cruz de Tenerife, 1995) acaba de finalizar sus estudios en Periodismo en la Universidad de La Laguna. Ha colaborado en los espacios radiofónicos Recovecos y Poetas en Serie (PenS), ha sido guionista de La Calle Habla y ha dirigido y presentado el programa musical El Rompeolas. Ha publicado poemas en revistas, webs y fanzines (como Oculta Lit, Dragaria, Digo.palabra.txt o La Zine) y ha participado en diversos encuentros y eventos relacionados con la poesía de Canarias (por ejemplo, el recital de jóvenes poetas del IV Encuentro de Escritores Canarios, el debate de jóvenes escritores del II Encuentro de Literatura de NACE y Voces del Extremo en Tenerife). Ha aparecido en selecciones de poetas jóvenes a nivel canario ("Generación Red: 13 rostros muy muy jóvenes de la literatura canaria", de Dragaria) y a nivel nacional ("25 poetas menores de 25 años", de Playground). Recientemente ha recibido el Premio Internacional Julio Cortázar de Relato Breve de la ULL.

Aida González Rossi: geb. 1995 in Santa Cruz, Teneriffa. Sie hat vor Kurzem ihr Journalistikstudium an der Universität in La Laguna beendet und an Radioprogrammen wie Recovecos und Dichter in Serie mitgearbeitet, Texte zu „Die Straße spricht" verfasst und das Musikprogramm „Der Wellenbrecher" geleitet und vorgestellt. In Zeitschriften, Web-Seiten u. a. Hat sie Gedichte veröffentlicht und an verschiedenen Treffen und Veranstaltungen zur Dichtung der Kanaren teilgenommen. Auch in einem Auswahlband junger kanarischer Dichter ist sie vertreten und ebenfalls auf nationaler Ebene (Generation Netz: 13 sehr sehr junge Gesichter der kanarischen Literatur und „25 Dichter unter 25 Jahren"). Vor kurzem erhielt sie den internationen Preis „Julio Cortázar" für Kurzgeschichten.

María Gutiérrez, El Rosario, Kanarische Inseln, Spanien. Lehrerin, Dichterin und Erzählerin schreibt für Jugendliche und Erwachsene und sagt, dass sie das tue, um zu verstehen. Sie arbeitet mit der Schule für literarisches Schaffen zusammen und hat sich auf vielen Kongressen, Schriftstellertreffen und Dichterlesungen in verschiedenen Ländern und Städten mit ihren Werken beteiligt, so in Alicante, Barcelona, Berlin, Buenos Aires, La Laguna, Las Palmas, Madrid, Neuquén, Rosario, Santa Cruz, Santiago, Victoria, Vista Alegre... Sie leitet die *Literaturwerkstatt* der Frauenbuchhandlung der Kanarischen Inseln und hat zahlreiche Werkstätten in Spanien, Argentinien und Chile geleitet. Sie ist an der Verbreitung von Dichtung beteiligt, indem sie unter Mitarbeit der Musikgruppe *Entre las olas* zusammen mit anderen Dichtern und Dichterinnen in Kultureinrichtungen und –gesellschaften der Inseln liest und rezitiert. Sie hat verschiedene Preise bekommen:- den ersten Preis im Wettbewerb für Coplas *Los corazones de tejina 2005*- den ersten Preis des III. Wettbewerbs für Kurzerzählungen «Mujeres», ausgerufen von der - Stadtverwaltung

Santa Cruz de Tenerife- den ersten Preis des I. Wettbewerbs für „Liebesbriefe" des Freundeskreises 12. Januar- den Ehrenpreis im Ersten Wettbewerb des Bezirks Los Realejos für erotische Erzählungen. Einige ihrer Erzählungen und Gedichte erschienen in verschiedenen Anthologien und Gemeinschaftsveröffentlichungen. Mehrere wurden übersetzt und veröffentlicht, als Buch und auch digital. *Chilajitos*, vom Verlag Cíclope Ediciones, ihr erstes Einzelwerk, wurde von der Kritik sehr gut aufgenommen und ins Deutsche und Portugiesische übersetzt.

Siegfried Modrach am 02.01. 1935 in Königsberg geboren, Offizier der NVA, tätig im Militärverlag der DDR, malt, ist begeisterter Chorsänger, veröffentlichte Lyrik und Texte in vielen Anthologien und Zeitungen/ Zeitschriften Mitglied im Friedrichshainer Autorenkreis

Marlies Schmiedl geboren in Berlin, Studien an der Fachschule Meißen - Kulturwissenschaft, Urheberrecht an der Humboldt-Universität zu Berlin, Belletristik an der Axel-Anderson-Akademie in Hamburg, Malkurse bei Rainer Gerson, mehrere eigene Lyrikbände und auch Prosaarbeiten, vertreten in diversen Anthologien Mitglied im Friedrichshainer Autorenkreis und im Köpenicker Lyrikseminar / Lesebühne der Kulturen

Francisco Manuel Cienfuegos Gil nacio en Isla Christina (Huelva) 14.05.1963 Doctor en Ciencias de la Educación, profesor de pedagogia y psicologia en Frankfurt/Main. Numerosos recitales de poesias en diversas ciudades alemanas y exposiciones (poemas y fotografias). Publicaciones tanto en revistas como en foros españoles y alemanes. Para mas información véase la página web: www.milaguaLyrik.com

José Pablo Quevedo, Poeta, ensayista, tiene varios libros de poesías publicados, también ha publicado cuentos y obras de radioteatro, figura en más de 60 antologías en varios países de América Latina y Europa, ha recibido numerosas condecoraciones, tiene dos novelas y dos libros de cuentos inéditos, es creador de MeloPoeFant (Sismo Poético Resistente), de la Cita de la Poesía: Berlín-Latinoamérica y de Arte Regresivo. Mitglied im Köpenicker Lyrikseminar / Leesebühne der Kulturen

Wolfgang Endler geboren 1946 in Ostberlin, in Friedrichshagen aufgewachsen, Orthopädiemechaniker, nach Haft und Abschiebung aus der DDR Bürger von Westberlin, Studium der Biologie und Promotion, bezeichnet sich selbst als Grenzgänger zwischen den Genres, bevorzugt literarisch-politische Texte, seine Geschichten und Gedichte erschienen in verschiedenen Anthologien, Literaturzeitschriften und im Internet sonst ist er aber ein Vortragskünstler in

unterschiedlichsten Klubs, Vereinen usw. und bezeichnet sich als Liederfinder mit Freude am Wortmaterial www.wolfgang-endler.de
Mitglied im Köpenicker Lyrikseminar / Lesebühne der Kulturen

Brunhild Hauschild wurde 1953 in Berlin geboren, wohnt und arbeitet in Berlin, verheiratet, ein Sohn. Ausbildung und Arbeit im Hotel-und Gaststättengewerbe – sowie im Bankwesen, Ökonomin. Schreibt überwiegend „Gebrauchslyrik" und Kurzgeschichten, 2012 Buchveröffentlichung „Wenn die Schuhe zu groß werden".
2016 Buchveröffentlichung „Jahreszeiten – Zeitklang"
Diverse Lesungen u. Veröffentlichungen, Beteiligung an 5 Anthologien. Mitglied im Köpenicker Lyrikseminar / Lesebühne der Kulturen www.brunhild-hauschild.de.
Tel: 030-45030232

Nació en Berlín, en 1953, aquí vive y trabaja, está casada, tiene un hijo. Formación y trabajo en hoteles y restaurantes , así como en bancos, es economista. Escribe, sobretodo, textos líricos e historias cortas. En 2002 publicó el libro „Cuando los zapatos son muy grandes"; en 2016 publicó „Estaciones del año- Sonido de tiempo". Diversas lecturas y publicaciones, participación con sus poemas en 5 antologías.

Jürgen Polinske 1954 in Potsdam geboren,
1973 Abitur,NVA, Kristallographiestudium (nicht beendet)
Dienst an der Staatsgrenze der DDR Fachschulstudium, Bibliotheksfacharbeiter verheiratet, zwei Kinder Seit 1990 Obermagaziner der Zentralen Universitätsbibliothek der Humboldt-Universität zu Berlin
Veröffentlichungen: überwiegend Lyrik
„in guter Gesellschaft"; „stürmische Umarmung" ; „Infinitamente Azul y Sabor a Cacao"„Erborgtes Licht und mit geborgten Worten von den Brüdern Humboldt" Gedichte / mehrsprachig 2010 „Am Ende der Siesta / Al Final de la Siesta" mehrsprachige Ausgabe 2010, Ediciones Viernes Literarios Lima und in diversen Anthologien Mitglied im Köpenicker Lyrikseminar / Lesebühne der Kulturen und Friedrichshainer Autorenkreis j.polinske@web.de

Reinhard Kranz geboren 1939 in Berlin, autodidaktischer Maler und Lyriker, übte verschiedene gewerbliche Berufe aus, weit mehr als 50 Austellungsteilnahmen mit seinen Bildern, veröffentlicht überwiegend in Zeitschriften und Anthologien Mitglied im Köpenicker Lyrikseminar / Lesebühne der Kulturen und leitet einen eigenen Literaturzirkel

Martha Gantier Balderrama: Nacida en La Paz Bolivia. Estudios de geología Universidad Mayor de San Andrés La Paz en Bolivia. Licenciatura en Lingüística y Literatura en la Universidad Pontificia Bolivariana de Medellín. Especialización en Didáctica de la Literatura Hispanoamericana en la Universidad de Caldas, Maestría en Literatura en la Universidad Tecnológica de Pereira.Publicaciones: cuatro libros de poesía dos de ellos renidos bajo el título de

POEMAS premio Franz Tamayo 1979 y 1980 La Paz Bolivia. Alba retorna con la niebla 1990 Medellín Colombia. De la Piel del tiempo bilingue castellano-alemán Berlín 1997, De algún lugar de algún cielo La Paz Bolivia 2000, Remigia la muñeca de trapo La Paz Bolivia 2002, Las Andariegas de Alba Lucía Angel: una lectura sin armas ni armaduras, Pereira Colombia 2007. Su poesía está publicada en revistas impresas y en digitales. Fue finalista del XI concurso literario internacional "Angel Ganivet" 2017 con su poema: Cuando viajaban a su interior.
Fue invitada a eventos como el Festival de poesía internacional de Medellín el 2004, Festival de poesía internacional en Bogotá revista Ulrika
Actualmente después de 20 años de ausencia vive nuevamente en Berlín.

Martha Gantier Balderrama, geboren in einem kleinen Dorf in der Provinz La Paz/Bolivien. Ihre Kindheit verbrachte sie zwischen Goldgräbern und Boleros am subtropischen Abhang der Anden. Bereits während ihrer Schulzeit in La Paz begann sie mit dem Schreiben von Gedichten. Nach der Schulausbildung studierte sie zunächst Chemie und Geologie, doch ihre Hauptbeschäftigung galt schon damals der Literatur. Ab 1976 veröffentlichte sie Gedichte und Theaterstücke. Von 1985-1987 lebte Martha Gantier in Berlin und zwischen 1987 und 1992 in Medellín/ Kolumbien. Dort beendete sie an der Universidad Pontífica Bolivariana das Studium der Sprach- und Literaturwissenschaften. Bisherige Preise und Veröffentlichungen: 1979, Erster Preis für Poesie "Franz Tamayo" für SOBRE RITOS IMPOSIBLES Y DISTANCIAS, La Paz, Bolivien. 1980 Erster Preis für Poesie "Franz Tamayo" gemeinsam mit dem bolivianischen Schriftsteller Coco Manto, für ihr Buch LA NOCHE Y SU RETORNO. La Paz Bolivien 1980 Preis des Verlages "Franz Tamayo" für ihr Theaterstück EL PRECIO DE LA NOCHE gemeinsam mit drei jungen Autoren. La Paz Bolivien.
1983 Erster Preis für ein Gedicht zum Internationalen Frauentag, ausgeschrieben vom Präsidialamt Boliviens. 1985 Gedichtband LA MISMA SANGRE gemeinsam mit der kolumbianischen Schriftstellerin Anabel Saavedra, CLAL Verlag, West Berlin. 1987Gedichtband ENCUENTRO gemeinsam mit der bolivianischen Dichterin Norah Zapata P. , CLAL Verlag, West Berlin.
1988Gedichtband POEMAS, Empresa Editora Urquizo, La Paz Bolivien.1990Gedichtband ALBA RETORNA CON LA NIEBLA. Editorial El Propio Bolsillo, Medellín Kolumbien. 1997 Gedichtband DE LA PIEL DEL TIEMPO AUS DEN POREN DER ZEIT Druck: Verlag Editorial La Cueva, Berlín Deutschland. 2000 Gedichtband DE ALGÚN LUGAR, DE ALGÚN CIELO. Editorial CORREVEIDILE, La Paz Bolivien. 2002 REMIGIA LA MUÑECA DE TRAPO. Kinder Buch. Editorial CORREVEIDILE, La Paz Bolivien. 2007 UNA LECTURA SIN ARMAS NI ARMADURAS de LAS ANDARIEGAS de Albalucía Angel. Tesis de maestría. Universidad Tecnologica de Pereira, Pereira- Kolumbien.

Anke Apt, 57 Jahre, verheiratet, zwei erwachsene Kinder, Elektronikfacharbeiterin, Studium der Staatswissenschaften, Ausbildung zur Personalentwicklungsberaterin, Leitung Personalmanagement im Bezirksamt Friedrichshain-Kreuzberg von Berlin, aktiv bei den „Poeten vom Müggelsee e.V." und in der „Gesellschaft der Lyrikfreunde e.V."
seit 2014 regelmäßig Veröffentlichungen von Gedichten

Almut Armelin geboren 1941 in Halle/Saale, lebt seit 1961 in Berlin. Von 1961 bis 1965 Studium der Volkswirtschaftslehre an der Humboldt-Universität zu Berlin. Diplom-Wirtschaftlerin in verschiedenen Betrieben und wissenschaftlichen Einrichtungen, u.a. im Akademie-Verlag. Seit 1995 in verschiedenen Frauenverbänden ehrenamtlich tätig. Seit 2014 Mitglied des Köpenicker Lyrikseminars/Lesebühne der Kulturen Adlershof.

Mária Nancy Sánchez Pérez geboren in Oruro in Bolivien, Studium der Ökonomie und Schauspiel in La Paz, Weiterbildung im Fach Tanz-Theater in Berlin, lebt seit vielen Jahren in Berlin, schreibt Gedichte, Erzählungen, Theaterstücke, Veröffentlichungen: mehrere eigene Lyrikbände und in Anthologien,erhielt mehrere Lyrikpreise u.a. in Bolivien und Schweden Mitglied im Köpenicker Lyrikseminar / Lesebühne der Kulturen

Dagmar Neidigk geboren am 2.10.1950 in Dessau
Studium Wirtschaftswissenschaften und Journalistik
Diplom-Journalistin Tätig als freie Journalistin und Autorin
Mitglied im DPV Deutscher Presse Verband
Mitglied im Verein der Poeten vom Müggelsee e.V.
Mail: dagmar-neidigk@t-online.de

Andreas Diehl November 1951 in Eilenburg geboren, Abitur,
Lehre als Rinderzüchter, bis 1975 Studium des Völkerrechts in Moskau und bis 1978 internationale Beziehungen in Potsdam,
Abbruch der Diplomatenlaufbahn, ab 1981 Arbeit als Archivar bis 1990 Archiv des Nationalrates der Nationalen Front der DDR dann bis 2014 im Bundesarchiv Berlin, ab 2015 im Ruhestand
Mitglied im Friedrichshainer Autorenkreis und im Köpenicker Lyrikseminar / Lesebühne der Kulturen

HEL 1957 im ostbelgischen Eupen geboren, lebt nach Aachen und Düsseldorf seit 1990 in Berlin, seine Gedichte sind in Dutzenden Zeitschriften, Social-Beat-Fanzines und Anthologieen erschienen
Einzelband: „Trostlied für Nada"
Mitglied im Friedrichshainer Autorenkreis

Brigitte Lange genannt die „Liedertante", Bibliothekarin, lebt und wirkt in Leipzig
Mitglied im Friedrichshainer Autorenkreis

Annette Kaufhold, geboren 1965 in Berlin, studierte Biologie, Theater und Kunst an der Freien Universität Berlin, der Universität der Künste Berlin und der Accademia di Belle Arte Bologna, unterrichtet an einem Gymnasium in Brandenburg, schreibt und performt Biopoesie - Lyrik mit naturwissenschaftlichem Hintergrund. Veröffentlichung: „Die animalischen Verse", 2015 bei Periplaneta Berlin. Mitglied im Köpenicker Lyrikseminar / Lesebühne der Kulturen www.anni-kaufhold.de

Marko Ferst geboren 1970 in Rüdersdorf, Tischler, von 2000 bis 2004 Studium der Politikwissenschaft an der Freien Universität von Berlin, Mitbegründer der Ökologischen Plattform im linkspolitisches Spektrum, Veröffentlichungen: mehrere Publikationen zu und über Rudolf Bahro, „Erich Fromm ... im Zeitalter der ökologischen Krise", diverse Artikel in Zeitungen, auf Kongressen usw. und Herausgeber mehrerer Anthologien und eigener Gedichtbände

Vu The Dung Geboren 09.06.1954 in Tuyen Quang (Viet Nam). Lyriker, Literaturkritiker, Romancier. 1971-1976 Soldat, seit 1974 Veroffentlichung lyrischer Arbeiten, 1976-1980 Studium der Vietnamistik und Literaturwissenschaft in Ha Noi, 1980-83 Lehrer an der Oberschule, seit 1980 kritische Essays unter dem Pseudonym Dung Van, 1984-89 Redakteur bei der Zeitschrift „Literatur und Kunst", 1985 Delegierter des Jungen Schriftstellerkongresses in Ha Noi, 1989 Ubersiedlung nach Berlin; 1993, Werkvertrag der Künstlerförderung Berlin; seit 1994 angestellt bei „Kultur ist Plural" e.V; Mitglited des Literatur- und Kunst-Verbands Hai Hungs, des Vietnamese Writers Abroad Center, 1996-1998 Vorsitzender der Osteuropa-Sektion des Vietnamesischen P.E.N.-Zentrum in Ausland.-1985 Preis des Kulturamts Hai Hung, 1986 CON SON Preis für Dichtung des Literatur und Kunstverbands Hai Hung, 1991 CON SON-Preis für Literaturforschung.

Petra Namyslo, geb. 23.12.1954 Mitglied im Friedrichshainer Autorenkreis, Bloggerin, Admin in einem Dichterforum. Veröffentlichungen in diversen Anthologien und Zeitschriften. Lesungen in Berliner Kneipen und Revuetheatern.
Petra Namyslo, nacido en 12/23/1954
Miembro del Friedrichshainer Autorenkreis, bloguera, adminstradora de un foro poeta.
Publicaciones en antologías, revistas e Internet.
Lecturas en bares y teatros de Berlín.
pnamyslo@arcor.de http://halbefrau.twoday.net

Gerd Meyer-Anaya, Jg. 47, psycho- und paartherapeutisch tätig, lebt in Düsseldorf und Lima/Peru.
Schreibt Satiren („Freitod für alle und andere ganz reale Satiren" sowie „Mann + Frau = Problem" Iatros Verlag) sowie Lyrik („vätersprache Mutterland" ATHENA Verlag).

234

"Gerd Meyer-Anaya" <praxis@meyer-anaya.de>, "Gerd Meyer-Anaya"
<psycho_meyer_anaya@hotmail.com>
Mo Kreutzberg" <mokreutzberg@web.de>

Robert Klamann Geboren in Chorin, Jahrgang 66, seit über 30 Jahren
Therapeut in der Psychiatrie, bisher nur vereinzelte Veröffentlichungen. Mitglied
im Köpenicker Lyrikseminar / Lesebühne der Kulturen und im Friedrichshainer
Autorenkreis

Was mir durch den Kopf ging
noch bevor die ersten Einsendungen für diese
Anthologie eintrafen war:

Wird es aus den drei beteiligten Weltregionen Madrid,
Kanarische Inseln und Berlin Übereinstimmungen
geben indem was Autoren so auf der Seele brennt? Hat
Gegenwärtiges Bedeutung, neben den ewigen Themen
Liebe, Leben, und Tod, der Geschichte und
persönlichen Erinnerungen? Werd ich Hau-drauf-Kritik
erleben bei Themen von Krieg und Frieden,
Umweltsünden, menschlichem Zusammenleben?

Dies alles und nichts davon ist in den Texten zu finden,
aber viel Licht, immer wieder Licht. Das Erhellende, das
Beleuchtende, das warme eines Feuers und sofort auch
das brennende, schmerzende, verzehrende, tödliche für
Pflanzen, Tier und Mensch. Erleuchtung wird erlebt
und gesucht (***der Heilige zeigt seine Wunde, nichts
wünschen, nur die Stille des Lichts, wenn das Licht
brennt).***

Armut in ihren vielen Spielarten ist Tenor (***niemand
kann sie erschießen***)und Kriege bleiben Thema. Für
einige die Kriege der Vergangenheit (Spanischer
Bürgerkrieg, 2. Weltkrieg), für andere die neuen Kriege
heute. Ich finde manche Zeile wirkt wie eine
Feuerlinie, manches Wort ist brennende Lunte kurz vor
dem Pulverfaß.

Optimismus in der Liebe weicht bangen Fragen nach Zukunft für die eigenen Kinder, das Leben aller Kreatur, ja, nach dem Überleben für die Menschheit, ohne das die Anthologie in Fatalismus versinkt.

Und wenn es auch nur noch eine schöne Frau gibt, etwas Unvorstellbares, Mystisches, und solange es Illusionen gibt, Menschen träumen, Utopien ersinnen, solange wird es auch Poesie geben, Menschen, die sich ihrer Bedienen, um sich einzumischen. „Künstler", wird Heinrich Böll zugeschrieben, „hört man nicht auf zu sein, wenn einem ein Werk nicht recht gelingt, sondern wenn man aufhört sich einzumischen."
Daher ist die Gretchenfrage nur eine der vielen aufgeworfenen in dieser Anthologie. Alle verdienen diskutiert und beantwortet zu werden.

Und genau dazu möchte diese Anthologie ihren Beitrag leisten in der Heimat der Dichtergäste unserer jährlichen Dichterbegegnung Cita de la Poesia und (völlig unbescheiden) überall in der Welt.

Jürgen Polinske   **Berlin, 15.04.2018**

Verzeichnis der Illustrationen

Eine Auswahl von Anthologien der beteiligten Berliner Literaturkreise

Köpenicker Lyrikseminar / Lesebühne der Kulturen

 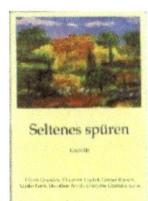

Friedrichshainer Autorenkreis

Poeten vom Müggelsee Friedrichshagener Vers-Werkstatt

Anthologien zu früheren „Cita de la Poesia"

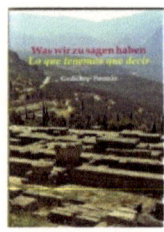  

Veröffentlichungen des Herausgebers